G.

BASTEI
LÜBBE

Jill Steinberg

Neue Geschichten von Miss Lucie

BASTEI LÜBBE

BASTEI-LÜBBE-TASCHENBUCH
Band 10 365

Originalausgabe:

Printed in Western Germany 1984
Einbandgestaltung und Illustration: Ursula Zander
Satz: ICS Computersatz, Bergisch Gladbach
Herstellung: Ebner Ulm
ISBN 3-404-10 365-3

Der Preis dieses Bandes versteht sich
einschließlich der gesetzlichen Mehrwertsteuer

Inhalt

Miß Lucie und der Pressefotograf

Fenster«, bemerkt Tessie und nimmt mir das Leder aus der Hand, »putzt man von oben links nach oben rechts. So, siehst du?«
Damit zieht sie einen schnurgeraden Streifen über die beschlagene Scheibe und genießt meinen bewundernden Blick. »Mach nur weiter«, ermuntere ich sie lebhaft, als sie die Hand sinken läßt, »du kannst es großartig!«
Aber Tessie reicht mir das Ledertuch mit heiterer Herablassung zurück. Ihr Lächeln erinnert mich an das des gefeierten Fußballstars, der jüngst im Fernsehen einem vierzigjährigen Nachwuchskicker einen signierten Ball überreichte.
»Ich muß jetzt gehen«, erklärt Tessie abschließend und nimmt Kurs auf die Tür.
Zurück bleiben meine Katze Miß Lucie und ich.
Sie hebt den sauber gescheitelten Kopf vom Kissen und spitzt die schwarzen Ohren. Wir warten, bis Tessies energische Schritte auf dem grobkörnigen Sand draußen verklungen sind. Dann erst wendet sich Miß Lucie dem kleinen Rest Kaffeesahne zu, der auf dem Frühstückstisch verblieben ist, und ich verfalle in die unkontrollierten kreisförmigen Bewegungen, mit denen ich hastig eine beschlagene Scheibe blankzuwischen pflege. Soviel ich weiß, hatte ich nie eine andere Fensterputzmethode.
Tessie, eifrig, jung und voller Disziplin, lebt mit uns während ihrer hauswirtschaftlichen Ausbildung. Bestrebt, mich an allem, was sie lernt, aktiv teilnehmen

zu lassen, versieht sie mich täglich mit Tips und guten Ratschlägen, in der ungebrochenen Hoffnung, allen eingefahrenen schlechten Gewohnheiten zum Trotz noch eine gute Hausfrau aus mir zu machen. Am wenigsten einverstanden damit zeigt sich Miß Lucie, die an meinen schlechten Gewohnheiten noch mehr hängt als ich.
»Geh vom Tisch«, sage ich zu ihr und ernte ein verständnisloses Blinzeln aus smaragdgrünen Augen.
Die einzigen, die ihrer Ansicht nach vom Tisch zu bleiben haben, sind Speed und Jüli, ihre grau getigerten Widersacher.
Dies ist einer der ganz wenigen Punkte auf der Tagesordnung, in denen sie sich mit Torro, dem Hund, vollkommen einig weiß. Kaum hangelt sich eine genaue Pfote verstohlen am Tischtuch hoch, macht er seiner Erbitterung so ohrenbetäubend Luft, daß ich fast einem Herzschlag erliege.
In letzter Zeit bin ich überhaupt sehr geräuschempfindlich geworden. Es muß an meinen Nerven liegen. Das schrille Klingeln des Telefons versetzte mich jedesmal in eine so dramatische Stimmung, daß ich es mittels des dafür angebrachten Knopfes auf ein Minimum drosselte. Jetzt schnurrt es nur noch sanft. Das gibt mir eine wunderbare Ruhe und verärgert nachhaltig viele Leute, die mich lange schon zu erreichen versuchten.
Sozusagen überhaupt keine Chance hat das kraftlose Ding, wenn die Waschmaschine arbeitet, die fünf Jahre alt und mit jedem dieser Jahre langsamer, schwerfälliger und lauter geworden ist. Auf diese Weise erfahre ich vom Besuch des Fotoreporters erst im letzten Augenblick, nämlich kurz vor dessen Eintreffen. Er soll, so teilt mir seine Redaktion mit, uns beide fotografieren, meine

Katze Miß Lucie und mich. Das Bild sei als Krönung einer kleinen Textspalte vorgesehen, in der auch mein Katzenbuch Erwähnung finde.
Ich bedanke mich, frage, wann ich den Herrn erwarten darf, und bleibe ganz ruhig, als man mir sagt: heute, um elf Uhr vormittags.
Obwohl noch kein Bett gemacht, kein Essen vorbereitet ist und die Küche wie ein Schlachtfeld aussieht, rege ich mich nicht auf. Wozu? Der Mann kommt aus Hamburg. Für elf Uhr angesagt, wird er frühestens gegen eins eintreffen. Denke ich. Die Frage, ob er zum Mittagessen da sein und es mit uns teilen wird, drängt sich mir auf, während ein Wagen in die Einfahrt rollt. Es ist elf.
Der Mann hält seine Termine.
Miß Lucie verläßt fluchtartig die Küche.
Ich öffne die Tür.
Der Reporter dürfte nur wenig älter als Tessie sein, und ganz bestimmt ist er so pünktlich, so eifrig, so diszipliniert wie sie.
Jede Beköstigung lehnt er ab, er setzt sich nicht einmal. Er habe, erklärt er ernst, heute noch irre viel zu tun.
Mit langen Schritten durchmißt er die Räume unserer Wohnstatt, wobei er feststellen muß, daß es nicht viel zu messen gibt.
Die Zimmer sind klein, die Wände allesamt bestückt, wo nicht mit Schränken und Regalen, da mit Haken, an denen Hundeleinen baumeln, Satteltaschen, Pferdetrensen und Rucksäcke. Er braucht, sagt er unruhig, eine freie weiße Wand, vor der er die erste Serie aufnehmen wird.
Serie?

Ich hatte verstanden, es handle sich um ein Foto von meiner Katze Miß Lucie und mir.
Gewiß – er lächelt geduldig –, so sehe das im Endeffekt aus. Aber die Redaktion erwarte eine Auswahl von . . .
Ich helfe lachend nach.
Von einem halben Dutzend Fotos etwa? Von rund hundert, verbessert er mich und tigert zum zweiten Mal durchs Haus.
Hundert?
Es ist fast halb zwölf.
Das Geschirr noch nicht gespült; das Essen noch nicht auf dem Herd; und wo, verflixt noch mal, ist Miß Lucie?
»Darf ich«, fragt indessen der fleißige junge Mann aus dem Wohnzimmer heraus, »dieses Bild abhängen? Dann hätten wir eine glatte Wand von genügend großem Format.«
Das Bild mißt anderthalb mal zwei Meter und ist in schwerem Holz gerahmt.
Die Aufhängung anzubringen hatte es eines Handwerkers mit Bohrmaschine bedurft.
»Sie dürfen«, erwidere ich, um es hinter mich zu bringen, »unter der Bedingung, daß Sie es auch wieder aufhängen.«
Er versichert mir das mit großer Selbstverständlichkeit, fast gekränkt, weil ich es überhaupt erwähne, rückt eine alte Eichentruhe ab, hebt sich fast einen Bruch an dem Bild, verstaut beides, Truhe und Bild, mit meiner Hilfe in der Mitte des Raumes und möchte wissen, ob ich etwas Schwarzes zum Anziehen habe.
»Ja doch, für Beerdigungen.«
Vor dieser weißen Wand mache sich Dunkles besser, werde ich belehrt. Wo – übrigens – sei die Katze?

Ich weiß es nicht. Abgesehen von der Küche, aus der sie floh, ist dies hier ihr Hauptaufenthaltsraum. Aber nicht einmal ihre Schwanzspitze ist zu sehen. Ich lausche.
In der Waschküche rumort mit begreiflicher Ungeduld Torro, den ich dort eingesperrt habe. Irgendwo greint Zaza. Miß Lucie hüllt sich in Schweigen und bleibt unsichtbar.
Ich werfe mich eilig in Schwarz und nehme Aufstellung vor der weißen Wand. Der Fotograf, mit zwei Kameras bewaffnet, kniet vor mir. Ich weiß nicht, was er sich von dieser Perspektive verspricht, erhebe jedoch keine Einwände. Schließlich ist es sein Job, nicht meiner. Er steigt auf einen Schemel und schießt von oben, während ich unwillkürlich die Schultern einziehe und verstohlen die Augen rollen lasse auf der Suche nach Miß Lucie.
Die Frage, ob das, was wir hier treiben, sinnvoll ist ohne ihr Auftreten, bohrt in meinem Hinterkopf.
Den jungen Mann scheint es vorerst nicht zu beschweren. Der Hintergrund draußen, meint er, gebe sehr viel her, am besten, wir gingen jetzt auf ein paar Minuten vors Haus. Allerdings nicht in Schwarz, sondern in etwas Hellem.
Ich haste nach einem weißen Pullover und rufe dabei nach Miß Lucie. Nichts. Wo auch immer sie steckt, sie rührt keine Pfote.
Draußen bearbeitet der Herbstwind die Fichten, daß sie ächzen und stöhnen. Der Junge – er stammt aus Nordfriesland, wie ich inzwischen weiß – legt unverdrossen den dritten Film ein, während ich die Zeit nütze, um mit den Armen wie mit Flügeln zu schlagen, im Bestreben, warm zu werden. Es gelingt mir nicht. Die Eifel verdient um diese Jahreszeit die Bezeichnung »rauh«. Aber nor-

malerweise bewege ich mich im Spätherbst auch nicht im Pullover draußen; das mindeste, was ich drüberziehe, ist eine alte Parka, aber die verbietet sich aus farblichen Gründen.
Der Fotograf hat ein Mäuerchen erklommen und knipst, ich weiß nicht was, von oben. Meine wild bewegte Frisur vielleicht?
»Wo«, ruft er, und der Sturm reißt ihm die Worte weg, »ist die Katze? Allmählich brauche ich sie wirklich!« Die Kamera wie ein Fernglas ins Ungewisse richtend, verfehlt sein Fuß den moosigen Rand des Mäuerchens. Er fällt, wenn auch nicht tief, kommt luftschnappend sofort wieder auf die Beine, hinkt auf dem linken Fuß und zerbricht fast an der Sorge um die beiden Kameras. Ist ihnen nichts passiert? Sind sie noch intakt?
Ich zittere mit ihm, während er ins Haus humpelt, auf einen Stuhl sinkt und eine nach den anderen auf dem Küchentisch auseinandernimmt.
Auf der Vorhangleiste sitzt Speed, der vor dem Sturm ins Haus geflüchtet ist. Die Vorhänge zeigen Spuren seiner Kletterkünste. Gardinen habe ich schon lange keine mehr. Speed ist ganz Aufmerksamkeit und gespanntes Interesse. Plötzlich hält er es nicht mehr aus und landet mitten zwischen Filmschachteln und ausgebauten Kamerainnereien. Er fährt seine messerscharfen Krallen aus, greift sich einen abgeschraubten Filter, rollte sich damit auf den Rücken und knabbert ihn genüßlich an.
Der Fotograf überwindet die erste Schrecksekunde und will entschlossen eingreifen.
»Nicht!« rufe ich warnend, um seine Hände bangend, da er sich schon einen Knöchel ruiniert hat. Speed etwas entreißen zu wollen ist sinnlos. Man zieht immer den

kürzeren. Ich weiß es aus jahrelanger schmerzlicher Erfahrung.
»Aber das geht nicht!« stöhnt der Junge gepeinigt.
Natürlich geht es nicht. Speed muß den Filter herausrücken, das weiß ich selbst. Fragt sich nur, wie man ihn dazu bringt. »Warten Sie einen Moment«, bitte ich und eile, um das Ablenkungsmittel Nummer eins, die Schachtel mit Trockenfutter, herbeizuholen. Ich schüttle sie wie ein Barmixer seinen Becher und warte auf Speeds Reaktion. Sie ist gleich null. Er wirft mir lediglich einen verächtlichen Blick zu und beutelt den Filter.
Ich schmeiße die Schachtel hin und klappe die Kühlschranktür vielversprechend auf und zu. Speed hält kurz in der Bearbeitung des Filters inne, sinnt über die Möglichkeiten nach, die sich ihm bieten, und entscheidet dagegen.
Nun bleibt mir nur noch eines übrig. Die deutlich gezeigte Verständnislosigkeit im Gesicht des jungen Mannes tapfer ignorierend, öffne ich laut krachend eine Schublade. Speed spitzt die Ohren. Ich entnehme einen Dosenöffner und setze ihn knirschend auf eine Hundefutterdose an. Speed glaubt mir nicht. Erst beim Knakken des aufgeklappten Deckels kugelt er sich vom Rükken auf den Bauch, verharrt mißtrauisch in der Tigersprunghaltung, hebt witternd die Nase, läßt seine Schnurrhaare erzittern und fegt achtlos das Kamerazubehör zur Seite. Mit einem Sprung ist er auf dem Boden, mit einem zweiten auf dem Küchenschrank.
Ich fülle hastig ein Tellerchen mit dem übelriechenden Doseninhalt und trage es hinaus in den Flur. Speed folgt mir auf dem Fuß. Was für mich eine einzige, ungern gestattete Fragwürdigkeit ist im Hinblick auf

Herkunft und Bekömmlichkeit, gilt Speed als Delikatesse.
»Ist das Ihre Katze?« erkundigt sich mein Besucher gedehnt. Das Wörtchen *das* betont er anklagend und verrät damit seine durchgehend negative Einstellung Speedie gegenüber.
»Es ist nicht die Katze«, sage ich, meinerseits das Wörtchen *die* betonend, »aber meine Katze ist es allemal.«
Wie tolldreist Speed auch ist, wie räuberisch und respektlos, ich mag ihn nicht verleugnen.
»Alles in Ordnung, soviel ich sehen kann«, murmelt der Junge übergangslos, steckt, schraubt und klaubt seine Siebensachen mit bemerkenswerter Eile zusammen und erhebt sich.
Ich wage nicht zu fragen, ob er das Auftauchen der Katze, auf die es ankommt, nicht doch noch abwarten will. Was mich betrifft, ich bin schon viel zu spät dran und in meinem ganzen vieljährigen Leben noch nicht so oft fotografiert worden wie in den letzten anderthalb Stunden. Wenn auch nicht ganz hundert, neunzig Aufnahmen hat der emsige Nordfriese mit Sicherheit gemacht. In sein Auto steigend, bestätigt er mir dies.
Ich trete einen Schritt zurück und nehme Speed, der mir lautlos gefolgt ist, vorsichtshalber auf den Arm. Sofort krallt er sich angstvoll an meinem Pullover fest, denn der Anblick von Autos versetzt ihn immer in Panik. Ungeachtet seiner Krallen, die sich in meine Schulter bohren, halte ich ihn fest, schließe ermattet die Augen, öffne sie wieder, sehe den Wagen davonrollen und winke höflichkeitshalber hinterher.
Dann entlasse ich Speed in die Freiheit, die er liebt, gehe hinein, betrete das Wohnzimmer, falle über die Eichen-

truhe, die mitten im Raum steht, und starre verzweifelt auf die weiße Wand, deren Schmuck, das zentnerschwere Bild, melancholisch an der Truhe lehnt.
Aus dem Bücherregal räkelt sich gähnend Miß Lucie. Dort, hinter Duden und Kulturfahrplan, hat sie platt auf dem Brett gelegen, so daß nicht einmal ihre Ohren einen Schatten warfen.
»Sind wir endlich wieder unter uns?« fragt ihr schläfriger Blick. Dann, jeder Veränderung ihrer Welt interessiert nachspürend, hüpft sie auf die Truhe und bepfotet den Rahmen des Bildes. Bis gegen Abend halte ich die Luft an, daß Miß Lucie oder Torro das Bild nicht zu Fall bringen.
Um sechs kommen Tessie und die Kinder.
»Eine gute Gelegenheit«, findet Tessie, »die Wand mal gründlich abzusaugen. Da sind ja jede Menge kleiner

Spinnweben dran.«
»Igitt!« schreit Friederike, die sich furchtlos geifernden Doggen nähert und vor jeder Spinne die Flucht ergreift.
»Viel helfen kann ich nicht«, erklärt Simon vorbeugend, »ich hab 'nen Hexenschuß.«
»Wenn ihr mich nicht hättet!« seufzt Tessie und schlingt die Arme um den Rahmen. Ihre Augen werden ganz groß und ratlos.
»Ruf den Typ an«, keucht sie, »der das Ding runtergenommen hat. Egal, wo er jetzt ist.«
Aber das tue ich nicht, sondern verrenke mir lieber das Rückgrat, während meine Familie lästerliche Flüche ausstößt, bis Bild und Truhe wieder an ihren angestammten Plätzen sind.
Inzwischen sind zwei Monate vergangen. Vor mir liegt das kostenlose Belegexemplar einer Zeitschrift, die auf

Seite vier eine schmale Textspalte enthält, in der von Miß Lucie die Rede ist. Gekrönt wird das Ganze vom schmerzverzerrten Gesicht einer Frau, grau in grau, mit geschlossenen Augen. Unterhalb ihres Kinns erkennt man so etwas wie einen Katzenkopf, ebenfalls grau in grau. Es könnte auch ein Frettchen sein.
»Wer ist das?« fragt Simon verständnislos.
»Speed.«
»Und die Frau?«
»Ich bin's. Wer sonst wohl!«
»Mein Gott«, murmelt Simon bekümmert und blickt scheu an mir vorbei.
»Bei dem Format«, sagt Tessie sorglos, »ist es doch völlig egal, was drauf abgebildet ist. Selbst eine Briefmarke ist größer.«
»Und dafür«, fragt Friederike ungläubig, »mußte im Wohnzimmer die Wand freigemacht, die Truhe abgerückt und Torro stundenlang in der Waschküche eingesperrt werden? Warum, Mama?«
Es ist eine der vielen Fragen meiner Kinder, die ich nicht zufriedenstellend beantworten kann.
Miß Lucie, seit eh und je, wählt und verwirft ihre Liegestätten nach unerforschlichen Motiven.
Eine Woche lang wälzt und räkelt sie sich auf der aufgeschlagenen Zeitschrift, Seite vier.
»Du bist so ein hübsches Mädchen«, raune ich vorwurfsvoll, »warum hast du dich nicht fotografieren lassen?«
Miß Lucie läßt ihren Kopf unter meiner Hand kreisen und schnurrt leise vor sich hin. Schönheit gilt ihr nichts. Wie einer aussieht, ist ihr egal.
Irgendwie beruhigt mich das.

Miß Lucie und der Goldhamster

Die einzigen in unserem Haus, die noch unbefangen Fleisch zu sich nehmen, als sei nichts dabei, sind der Hund und die Katzen. Wir andern sind im Lauf der Jahre immer stärker in Simons Fahrwasser geraten, der schon mit drei Jahren überzeugter Vegetarier war.

In einem hohen Kinderstuhl das Geschehen in der Küche aufmerksam verfolgend, richtete er – wie gesagt, kaum dreijährig – den winzigen Finger auf etwas, das meine Schwester gerade mit einer Mischung aus Salz, Pfeffer, Salbei und Knoblauch kräftig einrieb.

»Was ist das?« fragte Simon, der sprechen konnte, bevor er auch nur daran dachte, seine Füße voreinander zu setzen oder gar die Windeln abzulegen, an denen er mit enervierender Zähigkeit hing.

Meine Schwester, kniend die Ofenhitze prüfend, antwortete nicht sofort.

»Es sieht aus wie ein Huhn«, meditierte Simon halblaut vor sich hin, »aber ein Huhn kann es ja nicht sein.«

»Natürlich ist es ein Huhn«, versicherte meine Schwester munter und richtete sich wieder auf, »es kommt gleich in den Ofen, da wird es gebacken, und heute abend essen wir es.«

»Essen?« wiederholte Simon schockiert. »Ein Huhn? Ein richtiges Huhn? Ich?«

»Na sicher, wir alle – und du auch«, versetzte meine Schwester herzlich und tätschelte ihm den braunen Lokkenkopf.

Es entstand eine lange Pause, die Simon mit den Worten beendete:
»Tote Tiere eß' ich nicht.«
Es war dies ein Satz von schicksalhafter Bedeutung für uns alle, obwohl Simon, wie er stets behauptet, wahnsinnig tolerant ist gegenüber Andersdenkenden.
In den nachfolgenden Jahren gelang es mir manchmal, ihm eine Dose Thunfisch unterzuschieben, nachdem ich die verräterische Banderole entfernt hatte. Auch Salami kaute er gelegentlich widerspruchslos. Eine Zeitlang, als ihn ein Dauerhunger plagte, nahm er gebratenes Hackfleisch zu sich. Aber all diesen Anfechtungen erlag er nicht sehr lange.
Mit der bereits erwähnten bemerkenswerten Toleranz überließ er uns dem fleischlichen Genuß, was sich ungefähr so anhörte: »Bitte, bitte, ich habe nichts dagegen, daß ihr Leber eßt! Ihr seid euch aber hoffentlich auch darüber im klaren, daß sich in diesen Innereien alle Schadstoffe gesammelt haben . . .«
»Welche Schadstoffe?« unterbrach Friederike mit bebender Stimme.
»Na, der ganze schädliche Dreck, den das arme Opfer mitsamt seinem Futter gefressen hat!«
Es folgte eine detaillierte Aufzählung, die Friederike mit schreckgeweiteten Augen ihren Teller beiseite schieben ließ, während ich mir wie eine Giftmischerin vorkam.
»Sie haben kein Leben vor sich«, murmelte er angesichts zweier munter vor einem Hotel herumhüpfender Lämmer, »nur den Tod im Topf. Kannst du das verstehen?«
»Nein«, würgte Friederike, die Lämmer, Kälber, Foh-

len, Heuler, Welpen und jedes andere zu dieser Kategorie zählende Wesen über alles liebt, »es deprimiert mich furchtbar.«
Im Zuge dieser wertvollen Aufklärungsarbeit, an der sich Friederike bald ebenso stark beteiligte wie ihr Bruder, fielen in unserem Haus eine Menge Kochrezepte unter den Tisch. Selbst mein Mann, der lange immun blieb, kehrte neulich von einem norddeutschen Inselaufenthalt zurück mit der Erinnerung an ein Plakat, das einen jungen Seehund zeigte mitsamt der Mahnung: »Auch Tierkinder wollen leben!«
Dicht daneben, so erzählte er, habe ein anderes gehangen, das zum Spanferkelessen einlud.
Was dem einen Tierkind recht sei, meinte er unwillig, müsse dem andern billig sein.
Aber es ist noch nicht soweit, vor den Schaufenstern der Reformhäuser stehenzubleiben und angesichts der als Kniewärmer empfohlenen Katzenfelle »Wie gemein!« zu rufen, was seine Tochter Friederike ungehemmt tut. Sie gibt ihrer streitbaren Erbitterung stets offen Ausdruck, sobald ihr ein Pelz vor Augen kommt, egal, ob er sich im Versandhauskatalog oder am lebenden Modell befindet.
Als ich neulich mein Wirkfutter in den Mantel knöpfte und eine Freundin arglos fragte, ob das echtes Fell sei, rief ich so entgeistert: »Um Gottes willen nein!«, daß sie vor Schreck über den Schirmständer fiel.
Mein Schwiegervater, dem Waidwerk seit über sechzig Jahren verhaftet, wird eindringlich ermahnt und neuerdings auch dahingehend kontrolliert, daß er einen Bock nur dann schießt, wenn er schon im Koma liegt, und einen Fuchs nur bei deutlichen Anzeichen fortgeschrit-

tener Tollwut. Das heißt, der Schaum muß ihm schon vor der Schnauze stehen.
Die einzigen, denen widerstrebend eine gewisse Jagdfreiheit zugestanden wird, sind die Katzen, und das nicht ohne Grund.
Ein weiser Mann, der den Waldhof baute und bis zu seinem Tod bewohnte, pflegte zu sagen: »Wir haben keine Mäuse, die Mäuse haben uns.«
Wir brauchen hier also mit einer gewissen zwiespältigen Haltung nicht zu rechnen, die uns in der Stadt oft begegnet war, wo eine Nachbarin sich täglich laut jammernd über Wühlmäuse in ihrem Blumengarten beklagte, um »Pfui Teufel!« zu rufen und mit allen Zeichen des Entsetzens ins Haus zu flüchten, wenn Miß Lucies Mutter aus eben jenem Blumengarten eine Maus über den Zaun in unseren schleppte.
Miß Lucies Mutter war in dieser Beziehung – wie in jeder nur erdenklichen anderen – ungeheuer tüchtig. All ihren Kindern brachte sie bei, sich selbst zu versorgen. Wenn auch Miß Lucie im Lauf der Zeit ihre Eßgewohnheiten eher den unseren angepaßt hatte, so vergaß sie doch nie ihre frühkindliche Erziehung, das geduldige Ausharren vor einem Mauseloch zum Beispiel, obwohl sie die Beute anschließend auf der Fußmatte liegenläßt, um drinnen mit Trockenfutter vorliebzunehmen.
Die Tochter des weisen Mannes, die den Waldhof mit uns teilt, heißt Dora. Ihre Küche liegt an einem Ende des weitläufigen Gebäudes, meine am anderen. In ihrer Küche, sagt Dora, sei eine Maus.
»Bist du sicher?« frage ich.
Sie meint ja. Das Rascheln, besonders nachts, sei nicht zu überhören.

Ich weise auf den Goldhamster hin, der in einem Käfig auf der Kommode lebt und sich ebenfalls akustisch bemerkbar macht.
Seine Geräusche, belehrt mich Dora, seien anders. Ähnlich denen der Maus, aber nicht vergleichbar. Ich höre dem Hamster eine Weile zu. Er zerrupft ein Zeitungsblatt, stopft es in sich hinein, bringt es wieder heraus, formt einen lockeren An- und Überbau für seine kleine Wohnhöhle daraus, schwingt sich in sein Laufrad und geht ausgiebig spazieren. Dann nuckelt er hingebungsvoll an einer Weintraube, die ihm Dora durchs Gitter gesteckt hat, und schmeißt mit einer verblüffenden, entschiedenen Schnüffelbewegung das Wasserfläschchen hinunter, Kleintiertränke genannt, das von außen an einem Metallring befestigt ist. Der Ring fällt scheppernd hinterher auf den Fußboden.
Die Maus, wiederholt Dora eindringlich, mache sich anders bemerkbar. Erstens nicht in der Nähe der Kommode, sondern gegenüber im Vorratsschrank. Zweitens mache sie raschelnde, scharrende Geräusche, derart eben, die Mäuse an sich haben, wenn sie sich allein und sicher wähnen.
Kein Zweifel, Dora ist nervös. Mäuse in der Küche sind ihr ein Graus.
Ob wir ihr nicht Miß Lucie ausleihen könnten für eine Nacht? Dann werde man weitersehen.
Miß Lucie, bereits auf meiner Bettdecke lässig ausgestreckt, zeigt sich nicht gerade berauscht von der Idee, die Nacht in Doras Küche verbringen zu müssen.
Ich nehme sie auf den Arm, was sie ohnehin noch nie leiden konnte, und rede ihr gut zu.
Miß Lucie stemmt alle vier Pfoten gegen meine Rippen

und verweist – nicht zu Unrecht – auf ihre beiden grauen Artgenossen, die jünger, elastischer und trainierter sind.
Ich muß ihr zustimmen, stelle jedoch wieder einmal fest: Wenn man die Irrwische braucht, sind sie nicht da. Ich trage Miß Lucie, die sich auf meinem Arm dreht und windet, hinaus, durchquere mit ihr etliche Flure und Zwischenräume und setze sie schließlich in Doras Küche auf die Fensterbank. Anschließend, weil ich ihren ungläubigen Blick nicht ertragen kann, entferne ich mich so rasch wie möglich.
Draußen herrscht frühherbstliches Nieselwetter. Torro, den ich noch einmal hinauslasse, ist ein paar Minuten später wieder drin.
Ich schließe ab, begebe mich ins Bad und sinne darüber nach, was ich eigentlich noch tun müßte. Aber außer den Dingen, die ich üblicherweise verdränge und vor mir herschiebe – zum Beispiel das Sortieren der Steuerbelege oder das Versetzen der Knöpfe an einer Strickjacke –, fällt mir nichts ein.
Trotzdem lege ich mich hin mit dem unguten Gefühl, etwas Wichtiges versäumt zu haben.
Dergleichen passiert mir oft. Wahrscheinlich bin ich mit einem schlechten Gewissen zur Welt gekommen. Irgendwelche Erwartungen habe ich nicht erfüllt. Irgend jemand bin ich irgend etwas schuldig geblieben. Wem? Was? Wann? Ich weiß es nicht, und dessenungeachtet schlafe ich alsbald ein.
Mitten in der Nacht wache ich schweißgebadet auf.
Die Uhr zeigt zwölf Minuten nach drei.
Der Hamster.
Ich habe vergessen, ihn mit hinauszunehmen.

Eine Katastrophe!
Miß Lucie wird ihn für die fragliche Maus gehalten haben.
Sich selbst und der Langeweile überlassen, hat sie mit Sicherheit Mittel und Wege gefunden, den Käfig zu öffnen, ihn notfalls umzustülpen – immerhin hatte sie rund fünf Stunden Zeit dafür.
Was sonst, bei Gott, sollte sie mit dieser Zeit angefangen haben!
Meine Schreckensstarre mühsam überwindend, angle ich mit den bloßen Füßen nach den Hausschuhen, zerre den Bademantel vom Haken und taumle hinaus in den Flur.
Mit den Ellbogen auf alle Lichtschalter drückend, an denen ich vorbeikomme, versetze ich das Haus in Festbeleuchtung. Vor Doras Küchentür bleibe ich erst einmal stehen und lausche dem Klopfen meines Herzens sowie einem merkwürdigen Quietschton. Sodann – mit dem Mut der Verzweiflung – öffne ich die Tür.
Vom Flur scheint das Licht herein. Zwanghaft folge ich dem Quietschton, was mich mit drei unsicheren Schritten vor die Kommode bringt. In seinem Käfig bewegt sich der Hamster. Den kleinen, weichen Rücken sportlich durchgedrückt, macht er seine Joggingrunde. Es ist das Laufrad, das quietscht und dringend geölt werden müßte.
Auf dem Boden spielt Miß Lucie selbstvergessen mit der Kleintiertränke, dribbelt sie unter einen Stuhl, wirft sich darüber und schreit mich klagend an, als sie mich endlich wahrnimmt.
Bevor ich mich dafür entscheide, das Unternehmen abzubrechen, ist Miß Lucie bereits durch die geöffneten

Türen hinübergelaufen, hat kurz die Hundeschüssel inspiziert, sich angewidert abgewendet und ihren Platz auf meiner Bettdecke eingenommen.
Ich folge ihr und verbringe den Rest der Nacht mit bestem Gewissen.
Die Prüfung setzt erst am Morgen ein, als ich den Kindern die Geschichte erzähle.
»Du bist doch vollkommen ungerecht«, stößt Friederike empört hervor.
»Und unglaubwürdig«, hilft ihr Bruder nach.
Mir dämmern die Zusammenhänge, aber ich weigere mich, morgens vor dem Frühstück in eine Diskussion über Leben und Tod verwickelt zu werden.
»Na komm«, sagt Simon väterlich in einlenkendem Ton, »denk mal drüber nach, ja? Du setzt Miß Lucie in Doras Küche, damit sie einem kleinen Tier den Garaus macht. Richtig?«
Richtig! Indem ich mir eine Tasse Kaffee einschenke, bekenne ich mich schuldig, einer Maus nach dem Leben getrachtet zu haben.
»Es ist doch aber widersinnig«, fährt Simon in der Beweisaufnahme fort, »ein Tier zu retten und das andere auszuliefern. Willentlich, wohlgemerkt – und wissentlich.«
»Das siehst du doch ein, Mama?« forscht Friederike besorgt.
Darüber tiefer nachzudenken würde mich in Verwirrung stürzen. Ich bin daher froh, daß Doras Kopf vorm Küchenfenster auftaucht und mich fürs erste der Antwort enthebt.
Die Maus, läßt sie mich wissen, sei offensichtlich bei bester Gesundheit, anders ließe sich ein Stück frisch

angeknabbertes Brot nicht erklären. Miß Lucie indessen habe sich in Luft aufgelöst.
Dora sieht unzufrieden aus.
Es fällt mir schwer, die Ereignisse der vergangenen Nacht noch einmal zu beschreiben.
Miß Lucie, meint Dora nicht zu Unrecht, tauge wohl nicht mehr zum Mäusefang.
Mein Widerspruch klingt matt und nicht sehr überzeugend.
Simon leert methodisch seinen Müsliteller und schweigt sich aus.
»Überlaßt die Maus mir«, bittet Friederike.
Doras Gesicht drückt schiere Überraschung aus.
»Da bin ich aber gespannt«, sage ich.
»Wart's nur ab«, orakelt Friederike und bewegt sich von Stund an mehr in Doras Küche als in unserer. Es dauert keine Woche, bis sie mittels bestimmter Speisereste und guter Worte die Maus so weit gezählt hat, daß sie ihr sozusagen aus der Hand frißt.
»Sie ist ein süßes kleines Ding«, schwärmt Friederike und geht zum letzten Akt über, indem sie meinen kleinen Fensterputzeimer über die mit einem Stückchen Edamer Käse beschäftigte Maus stülpt. Ein Pappdeckel wird ganz vorsichtig daruntergeschoben, das Ganze gekippt, die Pappe fest aufs Eimerchen gepreßt und die Maus mitsamt ihrer Marschverpflegung hinaus in die Freiheit getragen.
Unterhalb der Ponywiese öffnet Friedrike den selbstgemachten Käfig und läßt die Maus unter Mitnahme des Käsestücks in ein Erdloch flüchten.
»Siehst du«, sagt Friederike zufrieden und wischt sich ein paar Erdkrumen von der Cordhose, »so macht man das.«
Anschließend gehen wir nach Hause, stellen das Eimer-

chen ab und erzählen die Geschichte Miß Lucie. Sie lauscht höflichkeitshalber, schließt die Augen und gähnt herzzerreißend.

Miß Lucie und das Hasenferkel

Die Kinder sind mit Tessie, die sich ein klappriges Automobil ausgeliehen hat, übers Wochenende in den Hunsrück gefahren. Von einer Tagungsgruppe werden Studien darüber angestellt, was im Endeffekt mehr bringt, der herkömmliche oder der ökologische Land- und Gartenbau. Dies in meinen Worten.

Die Frage, was Friederike dabei zu suchen hat, die bisher nicht einmal das magische Schlüsselalter sechzehn erreicht und eher mit dem deutschen Satzbau als mit dem ökologischen Landbau zu kämpfen hat, stelle ich höchstens mir selbst, und auch das nicht ernstlich.

Ein ruhiges Wochenende tut mir gut, aus verschiedenen Gründen.

Der Mai in diesem Jahr verdient den Namen Wonnemonat durchaus nicht. Er könnte genausogut November heißen. Es gießt in Strömen, Tag und Nacht, und zwar wochenlang. Ein Ende dieser Sintflut ist weder am Barometer noch sonstwo abzusehen.

Was ich im Januar dank mäßiger Temperatur an Heizung eingespart habe, lege ich in diesem klatschnassen Mai wieder drauf.

»Wir werden nie zu etwas kommen«, sage ich zu Miß Lucie, die ausnahmsweise die richtige Stelle in meinem Rücken wärmt, was ich dankbar zu schätzen weiß.

Denn die schon einmal erwähnten Katzenfelle in den Schaufenstern der Reformhäuser bieten den morschen Knochen und verspannten Muskeln eines Menschen

nichts, nichts im Vergleich zu einem Fell, das auf dem ofenwarmen, lebendigen Körper der dazugehörigen Katze sitzt.
Man könnte nun sagen, ich hätte Glück in dieser Beziehung, denn Miß Lucie, seitdem sie, so wie ich, den Zenit des Lebens überschritten hat, fühlt sich im Hause am wohlsten und steht mir jederzeit zur Verfügung.
Dennoch: sie ist kein Steiff-Tier und kein schnurrender Roboter. Wenn mich das Zipperlein in der Schulter plagt, ist sie zwar sofort zur Stelle, aber statt der schmerzenden Schlüsselbeinpartie wärmt sie mir hartnäckig die Kniekehlen.
Ihr Lieblingsplatz, wenn ich mich flach lege, befindet sich auf meinen oberen Rippenbögen, so daß ihre Schnurrhaare mein Kinn kitzeln und ihr Gewicht – genaue Aufzeichnungen darüber gibt es nicht, aber es müssen mehrere Kilogramm sein – mir zunehmend Atembeschwerden verursacht.
Manchmal nehme ich das in Kauf. Ein andermal lasse ich sie ganz sanft zur Seite abgleiten bis in meine Armbeuge, vorsichtig, hoffend, sie würde es nicht merken.
Aber selbst wenn es geklappt hat, ist es meist nur ein Scheinerfolg. Nach maximal zwei Minuten öffnet meine Katze ihre bis dahin fest geschlossenen Augen, schüttelt mißbilligend ihren schönen weiß und schwarz gescheitelten Kopf, drückt den Rücken durch, buckelt, gähnt, macht einen kleinen Hopser und plumpst mir wieder auf die Atmung.
Dieses Spiel setzen wir, wenn ich meinen ungeduldigen Tag habe, so lange fort, bis mich Miß Lucie beleidigt verläßt, zur Fensterbank hinüber streift und von dort aus ihre Krallen am Bücherregal wetzt.

Selten nur kommt es vor, daß sie von sich aus einen heilkundigen Platz einnimmt, aber wenn sie es tut, ist mir die sanfte Vibration ihrer schnurrenden Leibesfülle, verbunden mit der lebendigen Wärmeausstrahlung lieber als jede Heißluftbehandlung.
Der Mai, wie gesagt, hat sich denkbar schlecht angelassen. Mein empfindlicher Organismus reagiert seismographisch. Nach etwa sechzig Tagen Dauerregen komme ich mir vor wie eine Wünschelrute, die längs den Wänden ausschlägt, als enthielten sie lauter verborgene Wasseradern.
Einen Sonntag wie diesen, der mich der Zubereitung etlicher Mahlzeiten ebenso enthebt wie der Schiedssprüche, ob und wer sich am dringendsten die Haare zu waschen hat, welches Fernsehprogramm am sehenswertesten ist und wie man sich am besten und effektivsten für den Frieden in der Welt einsetzen soll – einen solchen Sonntag genieße ich ungehemmt.
Torro und Miß Lucie, wenn man sie ungestört für sich allein hat, sind ruhige, liebe Tiere, deren Ausgeglichenheit fast an Trägheit grenzt. Speed hat sich auf einem der Nachtspeicheröfen ausgestreckt, regungslos über Stunden hinweg. Juli schläft im Wäschekorb.
Mittags haben wir uns eine Fischmahlzeit gegönnt, aus der Kälte des Tiefkühlfaches in die Pfanne und von dort auf die diversen Tellerchen und Schüsseln verteilt, anschließend ein paar widerwilige Schritte in die Pfützen vor dem Haus gesetzt und uns dann schleunigst wieder in die teure Wärme drinnen zurückgezogen.
Gegen sechs Uhr erhebe ich mich gestärkt vom Sofa, Miß Lucie mitsamt einer warmen Decke zurücklassend, um ein echtes Feuer im Kaminofen zu entzünden. Draußen

wird es schon dunkel. Kalte Regenschleier wehen durchs Tal. Der Gedanke an das geliehene Auto, das einen defekten Rückwärtsgang, einen langen Bremsweg und etliche andere Alterserscheinungen aufweist, wie ich den Gesprächen der Kinder in den letzten Tagen entnehmen durfte, läßt mich besorgt den Uhrzeiger verfolgen.
Gegen sieben habe ich einen Teil meines faulen Tages bereits wieder abgebüßt, wenn mir auch die Hauptsühne noch bevorsteht.
Die Geräuschkulisse, mit der mein nervöses Warten beendet wird, erinnert an dramatische Wendungen in Krimis, die auf einem Schrottplatz spielen. Beim Öffnen und Schließen der Autotüren glaubt man, die Karosserie auseinanderbersten zu hören.
Immerhin, sie sind da!
Torro schüttelt die schläfrige Ruhe des Tages mit entschiedener Fellbewegung ab und wirft sich wild bellend gegen die Eingangstür.
Ich folge ihm.
Es ist schön, denke ich, wieder Leben im Haus zu haben, junge Stimmen zu hören und sich was erzählen zu lassen.
Torro, der sich die Tür bereits allein geöffnet hat, stürzt hinaus. Im matten Schein der Hoflaterne tritt mir Friederike entgegen, mit naß gesträhntem Haar und den Worten: »Mama, was glaubst du, haben wir gefunden?«
Ich ahne es nicht.
Auch als ich auf Tessies Armen etwas Schmutzigweißes entdecke, bleibe ich ahnungslos.
»Einen Hund«, sagt Simon mit fester Stimme, »er ist uns oben im Dauner Wald ins Auto gesprungen.«
»Nicht im Dauner Wald«, wendet Tessie so eifrig ein, als

gäbe es im Moment nichts Wichtigeres zu klären, »kurz hinter Kirchweiler mußte ich bremsen, weil etwas auf der Straße lag . . .«

»Stand«, verbessert Simon, »auf der Straße stand und erst im letzten Moment in den Graben lief . . .«

»Der Bremsweg«, erklärt Tessie, sich anklagend nach dem Leihwagen umdrehend, »ist so wahnsinnig lang bei dem Schlitten . . .«

»Nein«, sage ich, »kein Hund!«

Meine Stimme, ich höre es selbst, hat einen hysterischen Unterton. Tessie sieht mich befremdet an.

»Natürlich ist es ein Hund, Jillie«, erwidert sie betont ruhig und gemäßigt, sich prüfend über die schmutzigweiße Last in ihrem Arm beugend, »das ist das einzige, was wir wirklich von ihm wissen.«

»Ich weiß noch etwas«, höre ich mich unangenehm schrill hervorbringen, »nämlich daß er hier nicht bleiben kann . . .«

»Nicht auf die Dauer«, schränkt Tessie freundlich ein, an der eine Diplomatin verlorengegangen ist, »nur für den Augenblick, nach allem, was der arme Kerl hinter sich hat!«

Mit mir hat Torro einen so ohrenbetäubenden Protest angemeldet, daß für eine Weile keine menschliche Stimme mehr durchdringt.

Friederike sieht mich bittend an. Bittend ist vielleicht nicht das richtige Wort. Stummes Flehen steht in ihrem Blick. »Gnade, Gnade!« rufen ihre nassen blauen Augen.

»Also, was ist?« fragt Simon, von einem Fuß auf den anderen tretend. »Es ist deine Entscheidung, Mama, wir warten!«

Meine Entscheidung angesichts der erstarrten, durch-

näßten Kreatur auf Tessies Arm, der langsam übers Gesicht der Kinder rinnenden Regenbäche und last not least der schmerzlichen Erkenntnis, daß meinen Muskeln ein längerer Aufenthalt im abendlichen Regenguß nicht länger zumutbar ist, gebe ich resigniert den Eingang frei.
Torro verliert fast den Verstand. Er brüllt, tobt, keucht und röchelt vor Entsetzen.
Aber alles, was er erreicht, ist, daß Friederike ihm einen mitgebrachten Kotelettknochen spendiert und ihm klarzumachen versucht, wie gut er es doch hat.
Torro widerspricht lauthals.
Im Wohnraum, wo wir inzwischen alle gelandet sind, geht Miß Lucie erschrocken in Deckung.
Jemand bringt Torro in die Küche, um Mord und Totschlag zu verhindern.
Tessie setzt das bewegungslose Geschöpf auf den Boden. Sofort bildet sich eine kleine Pfütze. Noch nie, soweit ich mich zurückerinnern kann, habe ich ein so nasses Tier gesehen. In Gedanken preise ich mich und meine Disziplin, die mich vor teuren Teppichen und Bodenbelägen stets bewahrt hat.
Das Tier ist nicht viel größer als Miß Lucie. Es hat eine kleine, spitze Schnauze, leicht vorstehende dunkelbraune Augen, winzige, krallenbewehrte Hasenpfoten und das triefende Fellchen, von dem ich annehme, daß es in trockenem Zustand gelblich-weiß sein wird.
Friederike kommt mit einem alten Handtuch aus der Küche zurück, aber bevor sie ans Abfrottieren gehen kann, ist das Tier verschwunden.
»Es sieht aus wie eine Mischung zwischen Hase und Ferkel«, stelle ich fest und rücke vorsichtig das Sofa ab.

»Mama!« rügt Friederike vorwurfsvoll.
»Da ist was Wahres dran«, sinnt Simon.
»Piggie«, sage ich, mit dem Handtuch hinters Sofa hangelnd, »komm raus und laß dich abtrocknen!«
Nichts dergleichen geschieht.
Regungslos, unterm schützenden Dach des Sofapolsters verharrt es, mißtrauisch, abwartend, verstört.
»Es muß sich erst mal zurechtfinden«, meint Tess. »Wer weiß, woher es kommt und was es schon alles hinter sich hat.«
Aus der angelehnten Tür meines Aktenschrankes lugt vorsichtig Miß Lucie. Sie setzt ein Pfötchen auf die Sessellehne und will in bedachtsamem Zeitlupentempo das andere nachziehen, als wie ein geölter Blitz etwas unterm Sofa hervorschießt, mit schrillem Gekläff auf den Sessel zustürzt, hinaufspringt und das Schrankfach ansteuert, in das sich Miß Lucie fauchend, spuckend, schreiend, mit gesträubtem Haar gerettet hat.
Starr vor Verblüffung sehen wir zu.
Es dauert nur eine Minute, dann ist der Spuk vorüber. Miß Lucie, aufgeplustert wie eine wütende Henne, gluckt im Schrankfach. Die pitschnasse Angreiferin ist unterm Sofa verschwunden.
Ich ahne große Komplikationen. Der Wohnraum ist Miß Lucies uneingeschränktes, unangetastetes Terrain, seitdem sie den Rest des Hauses mit Pussi und ihrem Nachwuchs hat teilen müssen, was ihr auf Dauer einfach unerträglich war.
Mit Torro hat sie sich von Anfang an arrangiert. Sie lieben sich nicht, aber sie respektieren einander, was in der Hauptsache Torro zu danken ist, der Katzen generell toleriert, mit Speed und Jüli sogar freundschaftlich ver-

bunden ist und selbst Pussi schwanzwedelnd entgegenläuft, wie selten sie sich auch einfinden mag.
Betrachtungen dieser Art, wie nützlich sie auch auf die Dauer sein mögen, verschiebe ich auf später.
Im Augenblick ist nichts weiter zu tun, als nach einer alten Wolldecke zu fahnden, sie verstohlen unters Sofa zu schieben, einen Napf mit Futter zu füllen, einen weiteren mit Wasser, Miß Lucie aus dem Schrank zu heben, sie ins Schlafzimmer zu tragen und, am Küchentisch sitzend, die diversen Vermutungen über Herkunft und Auftauchen des als Hasen beziehungsweise Ferkel verkleideten Hundes anzuhören.
Jeder hat so seine eigene Version, aber wir sind uns alle darüber einig, daß er ausgesetzt worden ist. Trotzdem wird Tess morgen bei der Stadtverwaltung anfragen, ob ein Hund, auf den die obige Beschreibung paßt, irgendwo vermißt wird.
Friederike hat inzwischen ihren reichhaltigen Fundus von einschlägigen Büchern, Kalendern, Postern und Loseblattsammlungen auf dem Tisch gestapelt, um das Tier halbwegs rassemäßig einordnen zu können. Sie tippt, von Simon eifrig unterstützt, auf einen Chihuahua. Was mich eigentlich mehr interessiert als die Rasse, ist das Geschlecht.
Tessie mahnt zur Geduld. »Eins nach dem andern! Das klären wir morgen! Auch Rom ist nicht an einem Tag erbaut worden!«
Rom? Was schert mich Rom? Im Vergleich zu dem, was da auf mich zukommt, ist Rom ein Klacks!
In meinem Schlafzimmer auf der Fensterbank sitzend, schlägt Miß Lucie mit matter Pfote nach einer Fliege. Kaum sieht sie mich die Tür öffnen, kommt sie mir

entgegen, schlängelt sich hinaus in die Diele und kratzt empört an der Wohnzimmertür.
Normalerweise, besonders dann, wenn es ihr verschlossen ist, möchte sie nichts lieber als ins Schlafzimmer. Heute ist es umgekehrt.
Auch Torro, der sonst an Friederikes Fersen klebt zur Schlafenszeit, streicht unruhig durchs Haus und gesellt sich, wie ich es erwartet habe, zu Miß Lucie.
Von drinnen, aus den Tiefen des Wohnzimmers, kommen unmißverständliche Knurrlaute.
Miß Lucie spuckt Gift und Galle.
Torro überschlägt sich, im Bestreben, die Tür, das lästige Hindernis zwischen sich und dem Feind, zu überwinden.
Ich fürchte um die Glasfüllung, um Torro, Miß Lucie, das Hasenferkel und um uns alle.
Torro beruhigt sich im Laufe des Abends, geht mit Friederike hinauf, wirft sich in seinen Korb und läßt nichts mehr von sich hören.
Miß Lucie, der ich jeden beliebigen Platz in meiner Nähe anbiete, lehnt dankend ab.
Ihre Mißbilligung geht so weit, daß sie keinen Zipfel meiner Bettdecke mit mir teilt, geschweige denn meine wieder spürbar schmerzende Schulterpartie zu wärmen bereit ist.
Die ganze Nacht patroulliert sie zwischen Fensterbank und Tür hin und her, mir beweisend, was ich ohnehin längst weiß, nämlich daß sie ein starker Charakter ist.
Wieder einmal komme ich mir wie ein Verräter vor. Aber was hätte ich angesichts eines ausgesetzten, pitschnassen, hungrigen Tieres anderes tun sollen als es aufzunehmen – bis auf weiteres – was?

Miß Lucie bleibt mir die Antwort schuldig.
»Du wirst schon sehen, was du davon hast«, sagt ihr beleidigter grüner Blick, als sie sich gegen Morgen dazu herabläßt, auf meinem Kopfkissen Platz zu nehmen, genau dort, wo ich es gern kühl habe.
Aber was hilft's!
Miß Lucie verteilt ihre Gunst nach eigenem Gusto. Man muß nehmen, was man kriegt.

Miß Lucie und die Nervenprobe

Niemand von uns wird guten Gewissens behaupten, das Findeltier habe alle seine Retter von Stund an dankbar ins Herz geschlossen.
Ich würde sagen, das Gegenteil war der Fall.
Die erste, die sich am nächsten Morgen mit sanften Gurrlauten durch die spaltweit geöffnete Tür näherte und wütend in die Flucht geschlagen wurde, war Friederike. Vom Hasenferkel war nichts weiter zu sehen als eine kleine, spitze Schnauze mit gefletschten Zähnchen; der Rest seiner Erscheinung blieb unterm Sofa.
Friederike, als sie den ersten Schock überwunden hatte, äußerte sich besorgt. »Kann sein, es ist total verdorben worden«, seufzte sie und machte sich an die schwere Aufgabe, Simon aus dem Bad zu vertreiben, was erfahrungsgemäß fünfzehn Minuten in Anspruch nimmt.
»Ach was, laß mich mal sehen«, rief Tessie, noch in Socken den Wohnraum betretend, was sie im nächsten Moment bereits bitter bereute, weil sie zwei mittelgroße Pfützen auf dem Boden übersehen hatte.
Naßfüßig machte sie einen verwirrten Hopser, der von dem Tier unterm Sofa offenbar mißdeutet wurde, denn es fiel mit einem schrillen Kläffer über Tessies Füße her.
»Heee«, krähte Tessie, einen Socken im Stich lassend in den Flur flüchtend, »das ist ja 'ne kleine, wilde Bestie!«
Ihr Lachen klang unsicher.
Friederike, an der Badezimmertür lehnend, verwies mehrmals darauf, daß sie ja früh genug gewarnt habe.

Im Bad rumorte Simon. Auf der Heizung lagerte Miß Lucie, aufgebläht wie ein Ochsenfrosch.
Es ist besorgniserregend, wie sie sich aufblasen kann, wenn ihr etwas nicht paßt. Um das Bild abzurunden, legt sie die kleinen Ohren seitlich an. Ich würde keinem raten, sie in solcher Situation zu streicheln.
An einem Morgen wie diesem brauche ich erst mal viel Kaffee.
Tessies ernsthaftes Versprechen, gleich anschließend bei der Stadtverwaltung anzufragen, ob ein Hund als vermißt gemeldet worden ist, klingt wie Musik in meinen Ohren.
Friederike kaut ausnahmsweise schweigsam auf einem Stück Brot herum.
Simon, nach einem kurzen Abstecher ins Wohnzimmer, aus dem er mit mörderischem Knurren sofort wieder hinausgewiesen worden war, rät mir, keine Annäherungsversuche zu unternehmen. Das Tier sei deutlich verstört. Wahrscheinlich bedürfe es einer längeren Eingewöhnungsphase.
Die Frage, wie das Zimmer aussehen wird, wenn ich mich dem Tier nicht in absehbarer Zeit nähern darf, um es auszuführen, hängt wie ein Damoklesschwert über unserem Frühstückstisch.
Unnötig, auf die beiden bereits vorhandenen Pfützen zu verweisen, nicht wahr?
»Wirklich«, würgt Friederike, den Brotkanten aus der Hand legend, »müssen wir uns ausgerechnet über so was unterhalten, wenn wir gerade essen?«
»Da hat sie recht«, findet Tess, aber eine längere Diskussion darüber lohnt sich nicht mehr; es ist halb acht, allgemeiner Aufbruchstermin.

Sie raunzen, granteln und schieben davon, während ich, nicht ganz so glühend beneidet wie sonst, zurückbleibe. Ich trinke eine weitere Tasse Kaffee, schenke Torro Friederikes Brotkanten, bestreiche zwei Bröckchen mit Leberwurst, reiche sie Miß Lucie auf die Fensterbank und beschließe, das gleiche für Herrn Hasenferkel zu tun. Verstohlen ziehe ich mich sodann zurück, nicht ohne die Tür leise hinter mir zu schließen.
Nach allem, was den Kindern heute morgen schon passiert ist, bin ich auf jede Art von Aggression gefaßt, nicht jedoch auf die herzliche Freude, mit der mein ungebetener Gast mir entgegenwieselt.
Vor Überraschung sinke ich aufs Sofa. Vier winzige Hasenpfoten hangeln sich hoch, und schon nimmt es dicht neben mir Platz, das Findeltier, so, als sei dies unser beider liebe, langjährige Gewohnheit. Mein erster Gedanke gilt Miß Lucie und der glücklichen Fügung, daß sie dieses traute Beisammensein nicht mit ansehen muß. Mit meiner Katze verbinden mich immerhin zehn Jahre, mit dem Hasenferkel gerade ein paar Minuten.
Es frißt mir die Bröckchen aus der Hand, leckt mir liebevoll die Finger ab und springt vom Sofa. Den Hals so hoch gereckt wie möglich, setzt es sich vor meine Füße und starrt mich abwartend an. In meinem Hinterkopf beginnt es zu arbeiten.
Die Haltung des Tieres drückt unmißverständlich etwas aus. Was?
Nun mach schon, betteln die dunkelbraunen Knopfaugen, von denen Friederike behauptet, laut Abbildung gehörten sie zum Chihuahua.
»Warte mal«, sage ich und haste zur Tür hinaus in die Waschküche, wo im Kramkarton ein Halsband aus Tor-

ros längst vergangener Jugendzeit zwischen zernagten Lederleinen und verfärbten Schuhriemen herumliegen muß. Es ist froschgrün, und daß es ihm jemals gepaßt hat, kaum mehr vorstellbar.
Wenig später beuge ich mich über das Hasenferkel mit den Worten: »Komm her, Piggie, zieh dein Halsbändchen an!«
Es reckt den Kopf noch ein paar Zentimeter höher, dankbar einverstanden, und wartet geduldig, daß die Leine eingehakt wird.
Wir haben eine – Gott weiß, an welchem Haken sie gerade hängt. Sie zu suchen hieße Torro und Miß Lucie aus der trügerischen Ruhe aufzustören, mit der sie sich umgeben.
Also hake ich einen Führstrick in die kleine Öse, der dick und knotig ist und den Ponys gehört, und dann ziehen wir los, Piggie und ich, durch die Waschküche hinaus in den Hof.
In der Höhe des Küchenfensters angekommen, erhebt sich ein wilder Tumult im Innern. Torro, aufrecht stehend, versucht die Scheibe zu durchbrechen. Eine Etage höher, auf der Vorhangschiene, sitzt Miß Lucie und traut offenbar ihren Augen nicht.
»Was tust du da?« fragt ihr strenger Blick. »Und wie kommst du zu diesem Scheusal an deiner Seite?«
Ich ignoriere alles, denn das Hasenferkel hatte gute Gründe, den Kopf zu recken, sein Halsband zu verlangen und hinauszustreben. Es wirft einen furiosen Blick aufs Küchenfenster, gibt ein paar beleidigende Kläffer von sich und verrichtet seine Geschäfte. Torro hinter der Scheibe gebärdet sich wie ein Wilder. Miß Lucie, aufgeblasen, daß sie so breit wie hoch aussieht, hat die Augen zu bösen Schlitzen verengt.
Piggie, das Hasenferkel, bellt wütend zurück und zieht

weiter seines Weges, zum Hof hinaus, den Bürgersteig entlang, der links von einem steilen Wiesenhang gesäumt ist. Es gräbt seine spitze Nase sofort in ein Erdloch und buddelt sich in Windeseile fast bis zum Bauch ein.
Den Bürgersteig entlang kommt gemächlich schlendernd ein Mann, wünscht freundlich einen guten Morgen und bleibt stehen. Das Tier am Strick zieht den Kopf aus dem Erdloch, winselt, zittert und versucht, den Wiesenhang hinauf zu fliehen.
»Was hat es?« fragt der Mann verwundert.
»Angst«, sage ich.
»Du lieber Gott«, murmelte er erschüttert, »etwa vor mir?«
»Scheint so. Meine Kinder haben es gestern abend irgendwo im Wald aufgelesen. Wer weiß, was es alles hinter sich hat.«
»Tststs«, macht der Mann und setzt kopfschüttelnd seinen Weg fort. Erst als er um die nächste Kurve verschwunden ist, beruhigt sich Piggie allmählich und beginnt ein neues Buddelloch zu suchen.
Die ganze Zeit über geht mir etwas durch den Sinn, das ich mir nicht klarmachen, nicht eingestehen will.
Nach der Rückführung, vorbei am Küchenfenster, hinter dem Torro wütend schäumt und Miß Lucie finster brütet, nimmt das Hasenferkel ohne Umschweife auf dem Sofa Platz und nötigt mich neben sich.
Sein Fellchen ist tatsächlich schneeweiß und nicht im entferntesten gelbstichig, wie es mir gestern im nassen Zustand schien. Auf jedem Ohr trägt es ein hellbraunes Fleckchen, sonst keinen weiteren farblichen Schmuck.
Die spitze Schnauze unter meine Hand geschoben,

signalisiert es mir, daß dies genau seiner Vorstellung vom wahren Leben entspricht: Wir beide allein auf dem weichen Sofa, tagein, tagaus, unterbrochen nur von gelegentlichen Ausflügen in die Buddellöcher und, was mich angeht, in die Küche, zum Herbeischaffen der Leberwurstbrote. Möge ich doch, lautet die flehentliche Bitte, alles und jedes andere aus meinem Herzen und meinem Programm streichen.
Ich muß gestehen, ich bin gerührt. Mit dieser Ausschließlichkeit hat noch niemand um mich angehalten, nicht einmal Miß Lucie; zumindest war sie nie so offen, es zuzugeben.
Trotzdem, so schwer es mir fällt, hundert Pflichten reißen mich von Piggies Seite, unter anderem das Klingeln des Telefons.
Es ist Tess, die mir überflüssigerweise mitteilt, auf der Stadtverwaltung sei kein Hund vermißt gemeldet worden.
Als ob ich auch nur eine Minute lang damit gerechnet hätte!
»Ich will mal sehen«, fährt Tess munter und geschäftig fort, »ob ich hier bei meinen Kollegen vielleicht jemanden finde, der gern einen so kleinen, handlichen Hund nähme. Große Tiere unterzubringen ist viel schwieriger.«
»Moment mal«, versuche ich einzuwerfen, »ganz so einfach sieht die Sache gar nicht aus . . .«
»Ach was«, zwitschert Tess, deren Frühstückspause begrenzt und in zwei Minuten vorbei ist, »er hat den Vorteil, klein zu sein, mach dir das klar, Jillie! Man braucht kein Riesengelände, um ihn zu halten, nur eine Wohnung!«

»Es ist kein Rüde«, gelingt es mir immerhin einzuwenden, aber das kann Tessies Optimismus nicht bremsen. »Und wenn schon«, schließt sie tröstlich, »Hündinnen sind viel anhänglicher als Rüden. Man muß das den Leuten nur klarmachen. Tschau, bis später!«

Den ganzen Vormittag über begehrt Miß Lucie, ins Wohnzimmer gelassen zu werden. Mit geplustertem Fell sitzt sie vor der Tür, hinter der alle sieben Minuten ein bitterböses Kläffen ertönt. Sie quittiert es mit breit gestrählten Ohren und hitzigem Fauchen.

Erst ein Stück Goldbarschfilet, von Tess mitgebracht, das ich mit Zitrone beträufele und in der Pfanne wende, führt Miß Lucie wieder in die Küche.

»Hurra, Fisch!« ruft sie begeistert, springt auf den Kühlschrank und streckt begehrlich eine Pfote aus. Immer, wenn Fisch zubereitet wird, verliert meine Katze alle Hemmungen.

»Herrje«, knurrt Simon, der mich hilflos hantieren und Miß Lucie verzweifelt abwimmeln sieht, »ich setze sie ins Wohnzimmer. Das ist ja so nicht auszuhalten.«

Gleichzeitig nähern sich lüsternen Blickes Speed und Jüli; das Telefon beginnt zu klingeln; Torro bellt anklagend, weil jetzt Speed auf dem Kühlschrank hockt. Ich schreie: »Nein! Nicht ins Wohnzimmer!«, halte mir mit dem Ellbogen mühsam Speed vom Leibe und finde kein Gehör, weil ein Deckel zu Boden scheppert.

Eine Minute später explodiert ein Teil des Hauses unter Klirren, Kläffen, Zischen, Schreien und wüstem Getobe. Vasen zerbersten, Bücher stürzen, Vorhänge fetzen auseinander: die erste persönliche Begegnung zwischen Miß Lucie und dem Hasenferkel hat stattgefunden.

»Warum«, stöhnt Simon, »warum sagt mir keiner, daß der Hund noch hier drin ist?!«
Inzwischen hat es Torro für seine heilige Pflicht erachtet, einzugreifen. Speed und Jüli, den Fisch in der Pfanne nicht aus den Augen lassend, haben sich vorsichtshalber auf den Küchenschrank zurückgezogen. Alle Türen stehen offen. Das Hasenferkel fegt wie ein rasender kleiner Irrwisch durchs Haus, gefolgt von Torro, dem wiederum Friederike schreiend hinterherrennt.
Aus den Trümmern des Wohnzimmers berge ich Miß Lucie, trage sie in mein – Gott sei Dank – unversehrtes Schlafzimmer und verspreche ihr den Löwenanteil vom Goldbarsch.
»Irgendwie«, findet Tess in ihrem unausrottbaren Optimismus und kehrt die Vasenscherben zusammen, »haben wir noch sagenhaftes Glück gehabt, nicht? Wie leicht hätte auch noch der Fernseher zu Bruch gehen können!«
Wir essen spät an diesem Abend und wenig. Der Fisch, längere Zeit sich selbst überlassen, ist in der Pfanne zu einer Winzigkeit zusammengeschrumpft. Um Speed und Jüli nicht allzu herb zu enttäuschen, habe ich ihnen wenigstens eine Gabel voll als Geschmacksnuance unter ihr Futter geknetet. Miß Lucie bekam etwas mehr, aber versöhnt hat es sie nicht.
Zu Friederikes Füßen liegt Torro, hechelnd und immer noch empört.
Im Wohnzimmer unterm Sofa knurrt das Hasenferkel, niemanden darüber im Zweifel lassend, wem dieser Raum gehört.
»Daß mir nur ja keiner die Tür offenläßt!« warne ich in einem Ton, der dem Knurren um nichts nachsteht.

»Okay, okay«, gibt Simon gereizt zurück und hebt beide Hände, »ich werd's mir merken!«
»Nun sei doch nicht gleich so sauer«, mahnt mich Friederike.
»Wo das alles ja sowieso nur vorübergehend ist«, fügt Tessie hochgemut hinzu, »ich sag dir doch, für einen so kleinen Hund findet man ganz schnell ein gutes Zuhause.«
»Hündin«, verbessere ich, »und außerdem ist sie schwanger.«
»Trächtig«, sagt Simon mechanisch, »nennt man das – he . . .«, seine Augen werden plötzlich rund und groß, »wie kommst du denn darauf?«
»Also wirklich . . .«, beginnt Tess, aber sie bringt den Satz nicht zu Ende. Ausnahmsweise ist sie sprachlos.
»Bist du sicher?« forscht Simon skeptisch.
»Ja, ziemlich.«
»Vielleicht«, wirft Friederike hoffnungsvoll ein, »ist Piggie nur deshalb so aggressiv, weil sie Junge kriegt. Später kann sie dann wieder ganz friedlich werden, was meint ihr?«
Wir lehnen uns in unseren Stühlen zurück und versuchen uns vorzustellen, wie sie alle liebreich miteinander schäkern: Piggie, Miß Lucie, Torro und die beiden Grauen.
Simon schüttelt unwillkürlich den Kopf.
»Möglich ist alles«, sagt Tessie tapfer.
Ich würde ihr gern zustimmen, denn eine gewisse positive Grundstimmung ist auch mir eigen. Aber abgesehen davon, daß wir zu wenig Räumlichkeiten haben, um jedem Tier seine eigene zuweisen zu können, scheint mir die wahre Schwierigkeit woanders zu liegen.

Das Hasenferkel, ebenso wie meine Katze, ist mißtrauisch und wählerisch. Es läßt sich zwar auflesen, aber seine Bezugsperson sucht es sich schon selbst aus. Nicht Simon hat es sich auserkoren, der es neben den Ponys gut verkraften könnte, nicht Tess, die sozusagen frei wäre für eine tiefe Bindung, nicht Friederike, die Torro hat, der im Lauf der Zeit bestimmt mit sich reden ließe. Nein, Piggies Wahl ist auf mich gefallen, wie ich bereits Miß Lucie habe, und solange sie lebt, wird Miß Lucie mich nicht freigeben, nicht an jemand, der mich genauso unnachsichtig, eigensüchtig für sich beansprucht wie sie selbst.
Tessie hat sich erbarmt und den Tisch abgeräumt. Friederike, mit träumerischem, nach innen gekehrtem Blick, murmelt Zahlen vor sich hin.
Sechzig Tage, so erfahre ich bei dieser Gelegenheit, trägt eine Hündin. Rechnen wir mal grob, daß sie etwas mehr als die Hälfte hinter sich hat: Nun, dann kommen die Jungen ungefähr in drei oder vier Wochen. Anschließend behält man sie mindestens acht Wochen lang. Ist mir das alles soweit klar? Ja! Gut. Addieren wir alles zusammen, runden nach oben auf und erhalten folgendes Ergebnis: Etwa ein Vierteljahr wird vergehen, bis wir Piggie aus der Hand geben können. Was, wie man mich dreistimmig belehrt, so schlimm gar nicht ist.
»Wirklich schwierig«, meint Simon ernst, »wäre es nur, wenn es in den Winter ginge. Aber es geht in den Sommer, Mama!«
»Was macht dich so sicher?« frage ich, in die triefende Finsternis hinausdeutend.
»Das Barometer steigt«, verkündet Tess hochgemut, »zum ersten Mal seit langer Zeit!«

»Und selbst wenn«, sagt Friederike langsam, »es in den Winter ginge und selbst wenn ich gewußt hätte, daß Piggie Junge kriegt – ich hätte sie trotzdem nicht im Wald sitzenlassen können, einsam und verlassen, klatschnaß und hungrig – ich nicht, und du auch nicht, Mama!«
Da hat sie recht.
Irgendwie wird es schon gehen.
»Wir müssen uns eben alle ein bißchen bemühen«, erkläre ich Miß Lucie, die mürrisch nach einer Fliege schlägt.
»Erwarte bitte nicht zuviel von mir«, soll das heißen.

Miß Lucie und der Reisekoffer

Täglich erwarten wir Nicola.

Zusammen mit ihrer Mutter, meiner einzigen Schwester, reist sie in diesen Tagen aus dem fernen El Salvador an, um drei Ferienwochen in Deutschland zu verbringen, vornehmlich bei uns.

Wir erwarten sie mit schmerzlicher Ungeduld, der moralischen Aufrüstung wegen, die wir uns von ihr versprechen und dringend nötig haben.

Denn abgesehen von Miß Lucie und Torro gibt es auch sonst niemand, der die Anwesenheit des schwangeren Hasenferkels in unserem Hause gebilligt hätte.

»Was soll das denn sein?« hat mein Schwiegervater gefragt und sich die Brille gegriffen, um ungläubig hinzuzufügen: »Doch nicht etwa ein Hund?«

Mein Mann, als er sich wochenends einfand, soll angesichts des von Friederike manierlich an der Leine geführten Hasenferkels nur stumm die Augen zum Himmel erhoben und mit schwerer Stimme »O Gott!« herausgepreßt haben.

Piggie, in ihrer panischen Angst vor allen männlichen Wesen, hat daraufhin mit Macht die Leine, an der Friederike hilflos baumelte, in die Tiefen eines Weißdorngebüsches gezerrt, aus welchem sie selbst unbeschadet, Friederike jedoch mit zerfetzter Bluse hervorging.

Der ärgste Widerspruch kam jedoch von seiten meiner Mutter, die schon Speed und Torro für entbehrlich hält, seitdem ihnen fünf Minuten vor der letzten größeren

Familienfeier ein kompletter Apfelstrudel, ein paar Stücke Bienenstich sowie eine Schüssel frische Schlagsahne zum Opfer fielen.
Wir haben unserer Ahnfrau deshalb nur einen Teil der Wahrheit anvertraut. Den anderen, da sie sich in der Anatomie vierbeiniger Wesen nicht zur Gänze auskennt, ließen wir fürs erste unerwähnt. So hält sie Piggie zwar für eine Plage, aber der Gedanke, daß sie sich vermehren könnte, und zwar in absehbarer Zeit, ist ihr bis jetzt nicht gekommen.
Nicola, so sagen wir uns, wird von Piggie entzückt sein, wird vor ihr in die Knie sinken, sie einen süßen Hasen nennen und den Tag X kaum erwarten können.
Überhaupt kein Problem ist meine Schwester Eva, die, so wie ich, von Natur aus ein »Katzenjammer« ist, sich jedoch mit allem, was ihr in anderer Leute Behausungen begegnet, zu arrangieren pflegt, notfalls sogar mit Alligatoren oder Giraffen.
Gegen Mittag ruft Nicola an.
Immerhin seien sie schon in Frankfurt gelandet. Im Flugzeug hätten sie einen todlangweiligen Film gesehen, in dem nur alte Leute aufgetreten wären. Grauenhaft. Die Stewardessen würden im übrigen immer knauseriger. Keine Malbücher und keine Stifte mehr, nicht für Kinder ab einer gewissen Größe jedenfalls. Das sei nicht fair, sondern widerlich gemein. Sie erkundigte sich, wie es Miß Lucie gehe und ob das Torro sei, der da im Hintergrund belle. Sie habe seine Stimme viel tiefer in Erinnerung.
Hier macht Nicola eine Pause, die ich glücklich nutze, um Piggie ins Gespräch zu bringen, denn natürlich ist sie es, die gerade schrill die Stimme erhebt. Nicola tut mir den Gefallen, überwältigt zu sein.

Auf meine Frage, wann wir sie hier erwarten dürfen, zögert meine Nichte, und ich erfahre von sich haushoch türmenden Schwierigkeiten. Mit einem bunten Seesack und zwei schwarzen Koffern seien sie in El Savador abgereist. In Frankfurt angekommen, sei ihnen kalt gewesen. Sie hätten den Seesack und die Koffer vom rollenden Gepäckband gefischt und sich damit zum Waschraum begeben.
Ob ich es glaubte oder nicht, in dem einen Koffer seien nicht ihre Strickjacken gewesen, sondern lauter fremdes Zeug, unzählige Paar Herrensocken und ein langweilig gestreifter Schlafanzug. Dies habe sie mir sagen wollen, und wenn es gleich »klick« mache, dann sei ihr Geld alle.
Bevor ich mich fassen und dazu äußern kann, macht es tatsächlich »klick«.
Stunden später meldet sich meine Schwester. »Erinnere mich daran«, sagt sie erschöpft, »daß ich die Koffer deutlich kennzeichne vor dem Rückflug, meinetwegen mit Abziehbildern von Mickymaus oder Donald Duck. Mindestens die Hälfte aller Leute, die auf Reisen gehen, haben glatte schwarze Lederkoffer. Der Typ, der sich meinen gegriffen hat, ist damit nach Berlin weitergeflogen. Eben erst hat er sich gemeldet, wahrscheinlich, als er im Hotel die Socken wechseln wollte. Wir bleiben bis morgen und warten auf den Koffer.«
Die Hand auf dem Telefonapparat ruhen lassend, gebe ich die Nachrichten an meine mich umstehende Familie weiter.
»Das nenne ich Glück«, meint Tessie kopfschüttelnd, »der Typ hätte schließlich bis nach Singapur weiterfliegen können, nicht?«

Der Nachmittag des nächsten Tages bringt uns unsere Weltreisenden endlich herbei.
Mit ihnen schleichen sich verstohlen ein paar Sonnenstrahlen ein, und ich beginne allmählich wieder ans Barometer zu glauben, das seit Tagen unerschütterlich steigt.
Alles läßt sich prächtig an und ganz wie erwartet. Nicola fällt vor Piggie auf die Knie und nennt sie einen süßen Hasen. Meine Schwester krault Piggies weißes Halsfell, betrachtet nachdenklich das füllige Köpfchen, wendet es sanft hin und her und gibt der Meinung Ausdruck, es könne nun nicht mehr lange dauern. Den größten Trost spendet sie mir mit der Anmerkung, der letzte Wurf ihrer Schäferhündin habe aus einem einzigen Jungen bestanden.
Anschließend verlassen wir in langer Prozession das Wohnzimmer und schließen die Tür hinter uns ab.
Im Flur werden wir kurz aufgehalten durch Speed, der im Schuhregal auf den Hüttenschuhen liegt und nach jedem ahnungslosen Passanten mit der Pfote angelt, nach Art der alten Raubritter, wenn sie Tribut heischten. Eine Etage höher, im Schuhputzkasten, räkelt sich Jüli mit erwartungsvoll geöffneten Glitzeraugen. Speeds ausgestreckte Pfote bringt sie auf den Gedanken, ihm eins draufzugeben, was ihn zunächst nur verblüfft.
Jüli erhebt sich, gähnt und schielt über den Rand des Kastens nach unten. Speed rollt sich auf den Rücken und schlägt so lange mit allen vieren nach ihr, bis sie sich ärgerlich so weit aus dem Schuhputzkasten beugt, daß sie das Gleichgewicht verliert. Mit Zisch und Fauch und Holterdiepolter fliegen Bürsten und Tuben und Dosen auf die Fliesen, gefolgt vom Kasten, der sich überschlägt,

während Speed und Jüli einander in wilder Jagd die Treppe hinauf verfolgen.
»Himmel!« ruft Nicola erschrocken.
»Nun sieh dir das an«, knurrt Simon.
»Es wäre nicht so schlimm, wenn sie alles auch wieder aufheben würden«, meint Friederike anklagend, »aber das tun sie ja nie im Leben!«
»Ein Glück«, seufzte Tessie, »daß niemand den Kasten auf die Füße gekriegt hat, derjenige ginge sonst bestimmt am Stock!«
In der Küche sitzt Miß Lucie mit gesträubtem Fell neben einem frischen Zwiebelkuchen. Die Geräusche im Treppenhaus sind ihr zwar vertraut, aber nicht geheuer. Speed und Jüli werden ihr wohl nie richtig ans Herz wachsen.
Die Enttäuschung darüber, daß der Kuchen weder nach Sahne noch nach Creme duftet, steht ihr im Gesicht geschrieben.
Ob sie Nicola wiedererkennt, auf deren Luftmatratze sie stets nächtigen durfte, bleibt ungewiß.
Interesse bekundet sie erst, als die Koffer geöffnet werden. Während meine Schwester die Mitbringsel herauskramt und Nicola in bitterem Triumph die schäbigen Comic-Hefte herumreicht, die ihr statt Malbüchern und Stiften im Flugzeug zugemutet wurden, untersucht Miß Lucie emsig den Kofferinhalt.
Aufmerksam betastet sie die Schließe eines Gürtels, fährt mit den Schnurrhaaren die Sohlen zweier Sandalen entlang, steigt unentschlossen über zerdrückte Nachtwäsche und läßt sich endlich auf einem Paar Shorts nieder.
Dort, wie Nicola entscheidet, darf sie ruhig verbleiben,

denn wie es aussieht, werden statt der Shorts vorläufig nur die Jeans benötigt.
Anschließend, denn so ist es verabredet, begeben sich meine Schwester und meine Nichte zu unser aller Ahnfrau in die Kirchstraße, etwa einen halben Kilometer bergab.
Wir alle ziehen ein Stück Weges mit ihnen, erneut gemeinsam beschließend, daß Piggies bevorstehende Niederkunft unser aller süßes Geheimnis bleiben soll, solange es eben geht.
»Aber ich möchte doch gleich wissen, wie viele es sind, wenn Piggie sie bekommen hat«, wendet Nicola ein, »ruft ihr mich dann bei der Oma an?«
»Klar«, verspricht Simon großzügig, »und die Zahl geben wir dir vorsichtshalber in Spanisch durch, damit es nicht auffällt. Mama wollte immer schon gern die Zahlen in Spanisch lernen, nicht wahr, Mama?«
»Leidenschaftlich gern«, erwidere ich unmutig, aber sie bringen mich dazu, »uno, duo, tres« vor mich hin zu murmeln, wobei ich »tres« als gedanklichen Aufhänger benütze, weil ich das Wort als solches kenne. Im Eifler Dialekt ist es die Bezeichnung für Selterswasser.
Der Rest des Tages verläuft entspannt. Wir liefern den Besuch bei der Oma ab und wandern durch den sinkenden Abend nach Hause zurück, von Torro, der mitkommen durfte, munter umsprungen.
Miß Lucie hebt nicht einmal den Kopf von den Shorts, geschweige denn sich selbst aus dem Koffer, der in meinem Schlafzimmer verblieben ist. Nicht einmal der Vollmondschein lockt sie heraus.
Am nächsten Morgen entferne ich als erstes mittels mehrerer Papiertaschentücher die mir von Speed und Jüli

gestifteten toten Mäuse von der Fußmatte und pfeife Torro herein, um Piggie in Ruhe ausführen zu können. Aber sie mag nicht.
Mit brütendem Blick liegt sie unterm Sofa, die kleine, spitze Schnauze flach auf den Boden gepreßt.
Mir fällt wieder ein, daß Miß Lucie die Geburt ihrer Kinder damit einleitete, daß sie weder fraß noch sich bewegte. Eine leise Panik befällt mich, während ich ein altes Schaffell und ein ausrangiertes Badehandtuch ausbreite, in der Hoffnung, daß Piggie ebenso geschickt und instinktsicher handeln möge, wie Miß Lucie es in ihrer schweren Stunde getan hat.
Es ist halb neun.
Um halb zehn liegen zwei Hundebabys auf dem Schaffell, um zehn sind es drei.
Piggie säubert das dritte gemächlicher als die beiden ersten, hört auf zu schnaufen und legt sich erschöpft etwas bequemer hin. Der Schweiß auf meiner Stirn beginnt zu trocknen. Ich schleiche mich hinaus, um Wasser aufzusetzen, Milch zu wärmen, Futter zu mischen und in der Kirchstraße anzurufen.
Von meiner Mutter erfahre ich, Nicola sei gerade Brot kaufen gegangen.
»Tres«, sage ich, denn das Wasser brodelt, die Milch läuft über, und Miß Lucie hat sich aus dem Koffer erhoben, um der Sache nachzugehen, die mich beschäftigt, »sei so gut, und richte ihr das bitte aus.«
Meine Mutter, in den Mittagessensvorbereitungen völlig aufgehend, murmelt zerstreut »gut, gut« – was mir nur lieb sein kann – und legt auf.
Als Nicola nach Hause kommt, erfährt sie, daß sie mir Sprudelwasser mitbringen soll, sonst nichts.

Inzwischen gelingt es mir, mich mit Futter und Milch an Miß Lucie vorbei ins Wohnzimmer zu schlängeln, wo ich feststellen muß, daß die Nachricht bereits überholt ist. Piggie plaziert gerade ein fünftes Kind neben das in meiner Abwesenheit geborene vierte.

Kurzfristig verschlägt es mir den Atem. Der Unterschied zwischen ihren Jungen und denen, die Miß Lucie seinerzeit gebar, besteht nur darin, daß die von Miß Lucie wie Mäuse aussahen und die von Piggie das Format ausgewachsener Goldhamster haben. Ansonsten ähneln sie sich verblüffend, denn diese wie jene weisen viel Schwarz und wenig Weiß auf. Andere Farben sind nicht vertreten.

Der Gedanke, daß wir nun, Größe hin, Größe her, insgesamt sieben Hunde im Haus haben, müßte mir eigentlich den Schweiß wieder verstärkt auf die Stirn treiben.

Aber außer freudiger Erregung und gesteigertem Mitteilungsbedürfnis empfinde ich nichts.

Mit fliegenden Händen durchblättere ich »Spanisch für Anfänger« auf der Suche nach der Zahl »Fünf«, finde sie, drehe die Wählscheibe und höre meine Mutter sagen, Nicola sei gerade in den Garten gegangen, um Petersilie zu schneiden.

»Richte ihr noch einmal etwas aus«, bringe ich, vor glücklicher Ungeduld zappelnd, hervor, »nämlich cinque.«

»Was?« fragt meine Mutter laut, als höre sie nicht richtig.

»Cinque«, wiederhole ich rasch, »mach dir keine Gedanken darüber, es ist Spanisch.«

»Was heißt es?« will meine Mutter wissen.

»Fünf«, antworte ich mechanisch und verabschiede mich atemlos, um Tessie anzurufen, in Ruhe, bevor die Kinder

aus der Schule kommen und ihrerseits darauf bestehen werden, die frohe Botschaft weiterzugeben.
Am frühen Nachmittag kommen meine Schwester und meine Nichte schleppenden Schrittes unseren Berg herauf. Zwischen ihnen baumeln in einem Einkaufsnetz fünf Flaschen Sprudelwasser.
»Oma hat es uns ausgerichtet«, zwitschert Nicola, »oder . . .« Ihre Augen runden sich, und meine Schwester taumelt, von der Erkenntnis getroffen, einen Schritt zurück. »Sollte es vielleicht etwas anderes heißen?«
»Kommt rein«, sage ich erschüttert, denn niemals würde ich jemanden damit beauftragen, fünf Flaschen Selterswasser den Berg heraufzutragen. Auch kann ich sie nicht mit dem Anblick des Wochenbetts belohnen, denn sobald sich jemand auf drei Schritte nähert, wirft sich Piggie mit einer Vehemenz gegen die Tür, daß ich um die Glasfüllung fürchten muß.
»Das ist ganz normal«, meint meine Schwester gelassen, »Hauptsache, sie läßt überhaupt jemand rein.«
Das tut sie. Mich.
Ich bin jederzeit willkommen, mit oder ohne Futter. Ich darf den Kleinen die runden Hamsterköpfe streicheln, an denen winzige Hamsteröhrchen kleben. Allen anderen bleibt die Kinderstube versperrt, bis auf die paar Minuten, in denen ich Piggie an der Leine hinausführe. Aber sie wieselt nur schrittchenweise vor der Haustür herum, lauscht angestrengt und zutiefst mißtrauisch auf jedes Geräusch im Innern des Hauses und ist schon wieder drinnen, bevor die Kinder hastig von der Bildfläche verschwunden sind. Mit ohrenbetäubendem Geheul und unmißverständlich gefletschten Zähnchen werden die fliehenden Schatten verjagt, die wimmernden Winzlinge

an die Brust genommen und alle Gedanken an ein nochmaliges Ausgehen getilgt.
Auf diese Weise vergeht der Juni.
Piggie ist nach wie vor nicht gewillt, andere ins Vertrauen zu ziehen, und was sich allenthalben breitmacht ist Frustration. Obwohl das Wetter besser geworden ist, fehlt uns allen auf die Dauer der Wohnraum.
Am meisten betroffen von den Einschränkungen, die uns Piggie auferlegt, ist meine Katze Miß Lucie.
Sie teilt mit Nicola die Luftmatratze bis zum vorletzten Abend, an dem Speed und Jüli sich Einlaß verschaffen, sich unters Bettzeug mogeln und vielleicht in tiefen, erfrischenden Schlaf gefallen wären, hätte Miß Lucie sie nicht erbittert vertrieben.
Jüli weicht der Autorität durchs offene Fenster.
Aber Speed denkt nicht daran, die wunderbare Stellung kampflos aufzugeben. Zum Sprung geduckt, krallt er sich ins weiche Luftpolster, Miß Lucie schreit Zeter und Mordio, fährt ihrerseits die scharfen Krallen aus, haut Speed rechts und links ein paar um die Ohren, es knistert, schabt und fetzt, und mit einem tiefen, resignierten Seufzer gibt die Matratze den Geist auf.
Selbst Tessie fällt in diesem Zusammenhang kein Satz mehr ein, den sie mit »zum Glück« beginnen könnte.
Eine leichte Katastrophenstimmung hängt über unserem glücklichen Heim.
Miß Lucie verschwindet.
Speed hat sich längst durchs Fenster davongemacht.
Mein Gewissen quält mich.
Unter den obwaltenden Umständen ist dies kein Leben für Miß Lucie. Ich fühle ihr alles nach, Enttäuschung, Verdruß und Panik.

Der Tag vergeht. Sie ist nicht aufzufinden.
Simon durchstöbert den Heuschober ohne Erfolg. Friederike nimmt sich Scheune und Schuppen vor. Nichts.
Ich habe auch nicht wirklich damit gerechnet, denn die Nebengebäude sind anerkanntermaßen Speeds und Jülis Terrain. Miß Lucie geht entweder weiter weg, oder sie verkriecht sich im Haus.
Aber wo?
Tessie öffnet Kleider- und Wäscheschränke und räumt sie bei dieser Gelegenheit mal gründlich auf. Es finden sich eine seit Monaten vermißte Sonnenbrille, ein ebenso fieberhaft gesuchter und schließlich aufgegebener Hufkratzer, ein Päckchen vertrockneter Möhrensamen sowie eine Fastnachtsmaske mit schlapp herunterhängenden Hasenohren.
»Wer wollte die denn tragen?« fragt Simon verständnislos. »Du vielleicht?«
»Ich bin doch nicht bescheuert«, verwahrt sich Tessie und legt alle Pullover so zusammen, wie es sich gehört.
Den Rest des Tages verbringen wir alle in Abschiedsstimmung.
Bevor Nicola am späten Abend den Deckel schließt, hebt sie aus den Tiefen des Koffers Miß Lucie hervor.
»Und nur, weil ich die neue Griffeldose noch mal anschauen wollte«, wie Nicola eins ums andere Mal beteuert, während ich vor Erleichterung fast in Tränen ausbreche und mit zitternden Fingern Ölsardinen aus einer Dose aufs Tellerchen puhle, um Miß Lucie zu versöhnen und ihr glaubwürdig ein besseres, standesgemäßes Leben in Aussicht zu stellen.
Die Kinder schließen inzwischen endgültig die Koffer, die mit Abziehbildern eines Versandhauses, Emblemen

eines Rundfunksenders und aufklebbarem, rund gestanztem Werbematerial einer Fußballmannschaft so geschmackvoll verziert sind, daß keiner sich mehr absichtslos daran vergreifen wird.

»Ein Glück«, murmelt Tessie, bevor sie um Mitternacht, zum Umfallen müde, das Bad erreicht, »daß Nicola die Griffeldose nicht erst bei der Zwischenlandung in Miami noch mal anschauen wollte!«

Miß Lucie und ihr gutes Herz

Der Sommer ist vorbei.
Das Hasenferkel hat ein Zuhause gefunden, das es für sich allein beanspruchen und so heftig verteidigen kann, wie es das für nötig hält.
Seine fünf munteren Kinder, lauter kleine Postkartenschönheiten, die selbst unbeteiligte Zuschauer zu spontanen Begeisterungsstürmen hinrissen, sind ausnahmslos in gute Hände gekommen. Manchmal während dieser Monate habe ich an eine junge Frau denken müssen, die gegen Ende der Aufzucht von sechs Dackeln im späten Herbst nur noch das Bedürfnis hatte, schreiend durch den Wald zu laufen. Wenn es bei mir nicht ganz so schlimm war, dann wahrscheinlich nur wegen der besseren Jahreszeit, die ich erwischt hatte.
Von Piggie hören wir, daß sie die Angst vor Männern weitgehend überwunden hat. Statt sich ängstlich zu verkriechen, prescht sie jetzt vor und fetzt ihnen die Hosenbeine. Neulich sahen wir sie in königlicher Haltung auf dem Vordersitz eines geparkten Wagens thronen. Ihr Fellchen glänzte seidig, ein auffallend hübsches Halsband zierte ihren Hals, und um keinen Preis hätte sie Friederike oder mir gestattet, eine Hand ans spaltweit geöffnete Fenster zu legen, ganz im Gegenteil.
Sie schrie uns wütend an, wir sollten gefälligst verschwinden, uns wegscheren, zum Teufel gehen.
Da wußten wir, daß nicht nur der Sommer vorbei war.
Es hat uns geschmerzt und gleichzeitig beruhigt.

Wir hätten Piggie nicht gerecht werden können, ohne unsere anderen Tiere nachhaltig zu vergrämen. Selbst Torro, nachdem er sich in freundlicher Absicht ihr und den Kleinen im Hof zu nähern versucht hatte und dafür jedesmal wild attackiert worden war, zeigte sich allmählich verstört. Trotzdem wäre mit ihm vielleicht im Lauf der Zeit eine Einigung möglich gewesen. Aber geradezu unausrottbar und eingefleischt war und blieb Piggies Abneigung gegen Katzen.

Das Haus hatte nach drei Monaten einem Schlachtfeld geglichen, auf das sich selbst Speed nur noch selten wagte. Wobei ich bis heute nicht eigentlich Piggie für diese furiosen Gefühle verantwortlich mache, sondern ihre Vorbesitzer, die mit der weitverbreiteten Unsitte »Jag das Kätzchen!« sicherlich tiefe Eindrücke in ihrem Gemüt hinterlassen haben.

Sie hat uns ihre Lebensgeschichte nie erzählen können, aber ich dichte sie mir manchmal so zusammen, daß sie einer alten Dame gehörte, verwöhnt und verhätschelt wurde, um schließlich, nach deren Ableben, von männlichen Anverwandten schlecht behandelt und ausgesetzt zu werden.

Sie ist ein eigensinniges Tier, verschroben, aber treu wie Gold.

Wer Piggie liebt und von ihr geliebt wird, kann sich glücklich schätzen, vorausgesetzt, man ist, was Tiere angeht, ein Single und jeder anderen Bindung bar. Ich halte im Zusammenleben mit Piggie sogar einen Goldfisch für ein störendes Element. In diesem – wie in manchem anderen Punkt – hat sie mich an Miß Lucie erinnert, die endlich, mit aufgestelltem, stark vibrierendem Schwanz das Wohnzimmer nach mehrmaliger

gründlicher Reinigung sehr zögernd wieder in Besitz genommen hat.
Nach den vielfältigen Aufregungen des Sommers – denn auch die sorgfältige Auswahl der Hände, in die man bedenkenlos fünf Welpen legen kann, hat uns viele schlaflose Nächte gekostet – bin ich an einem langweiligen, ereignislosen Winter stark interessiert.
Natürlich gibt es Unwägbarkeiten, die nicht abzuwenden sind. Aber es gibt auch Wägbares, Abwendbares. Man muß sich nur früh genug aufraffen und die notwendigen Schritte unternehmen.
Mein erster Schritt in diese Richtung führt mich an die Nähmaschine.
Es ist ein Modell aus dem Jahre 1927 und gehört wohl eher in ein Völkerkundemuseum als in mein Heim. Aber da steht es nun einmal und ist das einzige Instrument seiner Art, das ich besitze.
Das Ziel der Aktion, die ich mit einem alten Bettlaken an der vorsintflutlichen Nähmaschine in die Wege leite, ist Jülis Sterilisation. Sie ist überfällig und soll noch vor diesem Winter stattfinden, auf daß er ereignislos verlaufe.
Um zu erklären, was es mit der Näherei auf sich hat, muß ich tief in den Born meiner Erfahrungen greifen. Vor nunmehr sieben Jahren setzte ich Miß Lucie in eine mit Guckfenstern aus Plexiglas versehene Tragetasche und fuhr mit ihr per Taxi zum Tierarzt.
Es war in Frankfurt.
Der Tierarzt betrachtete Miß Lucie durchs Guckfenster, nickte gleichgültig, rief seine Frau, ihm bei der Sterilisation zu assistieren, und bat mich um ein Hemd.
Ein Hemd?

Jawohl, ein Hemd. Nicht für ihn, Unsinn, für die Katze; das werde ihr nach der Operation angelegt, damit die Wunde sauber bleibe. Ein Hemd – er winkte seiner Frau, die ergeben wieder hinauslief und mit etwas wiederkam, das mich in meiner Verwirrung an ein riesiges Babyplätzchen erinnerte, ein sauber gestepptes Stück Stoff, oval geschnitten, mit insgesamt sechs Bändern versehen.
So ein Hemd also.
Sie liehen mir ihres, banden Miß Lucie nach erfolgter Operation hinein und wiesen mich an, es täglich abzunehmen, die Wunde zu pudern, es wieder anzulegen und ein gleiches zu nähen, am besten zwei, zum Wechseln, und das ihre nach acht Tagen bei der Nachschau wieder mitzubringen.
Acht Tage lang versuchte Miß Lucie, sich rückwärts bewegend aus dem verhaßten Hemd herauszuarbeiten, was ihr zweimal nachts gelang. Ich verschnitt indessen einen Bettbezug, aber alles, was ich zustande brachte, waren zwei Fetzen, die hastig umsäumt, Miß Lucie erstens zu klein und zweitens ihren Zähnen und Krallen nicht standhielten.
Als ich sie zur Nachschau brachte, schämte ich mich entsetzlich wegen der Flickarbeit, konnte aber immerhin das geliehene Hemd sauber gewaschen zurückgeben, was dankbar vermerkt wurde besonders von der Frau des Tierarztes.
Nach Miß Lucies Genesung war von den beiden Fetzen kein Faden mehr übrig, und ich verdrängte die ganze leidige Angelegenheit. Ein Jahr später, als ich Zaza in der Tragetasche hinbrachte, gab ich mich cool und über den Dingen stehend. »Ich bot eine Leihgebühr für zwei

Hemden und zeigte mich notfalls bereit, sie beide zu kaufen; man möge sie mir auf die Endrechnung setzen. Der Tierarzt lachte freudlos und ließ mich wissen, derlei Geschäfte könne er täglich machen, wenn er wolle, aber er wolle nicht – besser gesagt, seine Frau wolle nicht.

Auch sie könne sich Schöneres vorstellen, als die verdammten Katzenhemden en gros zu nähen.

Ob ich denn kein einziges mitgebracht hätte? Was? Nicht eines? Wo ich doch genau wisse, daß wir heute eins brauchten!

Es klang fassungslos, verständnislos und extrem verärgert.

Niemand richtete mehr das Wort an mich.

Zaza, nachdem sie sterilisiert war, wurde stumm in ein »arzteigenes« Hemd geknüpft – solide Handarbeit –, das ich demütig, mit einer schriftlichen Entschuldigung, gewaschen und überflüssigerweise auch noch gebügelt tags darauf per Post dem Ehepaar zuschickte.

Was auch immer ich in jenen Tagen für Zaza eigenhändig zurechtschneiderte, es lohnte sich nicht, aufgehoben zu werden.

Und wenn ich Jüli bisher nicht operieren ließ, so hauptsächlich wegen des fehlenden Hemdes, das tiefe Spuren in meinem Bewußtsein hinterlassen hat.

Aber es noch länger hinauszuschieben wäre sträflicher Leichtsinn, obzwar Speed längst kastriert ist. Kaum ausgewachsen, hat er alles parfümiert, das ihm unterkam, einschließlich der Schulbücher unserer Kinder.

Ich weiß noch, daß ich flaschenweise Eau de Cologne versprühte, die Vorhänge alle Augenblicke in die Waschmaschine stopfte und es trotzdem nicht verhin-

dern konnte, meilenweit gegen den Wind nach Kater zu stinken.
Bis heute ist uns aus dieser Zeit eine Reisetasche erhalten geblieben, fast neu, die auch weiterhin kaum gebraucht wird, weil man spätestens nach fünf Minuten die Blicke der Mitreisenden unwillkürlich herumirren und ihre Naslöcher sich ungläubig blähen sieht.
Ich habe die Tasche bereits mehrmals mit Lederpolitur eingerieben, sie tage- und nächtelang an die Luft gestellt und inzwischen die Hoffnung aufgegeben, Speeds Odeur jemals daraus entfernen zu können.
Er ist übrigens seit dem Verlust seiner Zeugungsfähigkeit keineswegs fett und träge geworden, wie mich alle einschlägigen Warnungen hatten befürchten lassen; ganz im Gegenteil, seine Energie, seine Lebensfreude und sein Erfindungsgeist sind ungebrochen.
Aber er ist ja nicht der einzige Kater in dieser Gegend, was sich bereits im zeitigen Frühjahr dieses Jahres bewies, als Jüli zwei mickrige, unterentwickelte Geschöpfe ins Stroh legte, mit denen sie absolut nichts verband, nicht einmal der normalerweise fließende Milchstrom. Den armen kleinen Dingern war von Anfang an nicht zu helfen. Auch wenn wir sie früher als zu spät gefunden hätten, wären wir mit ihrer Aufzucht überfordert gewesen. Ob Jüli beim nächsten Mal mehr Muttergefühle an den Tag legt, möchte ich dahingestellt sein lassen. Mir schwebt als Wunschbild der langweilige Winter vor, ohne Wochenbett, ohne Vize-Eltern, die gesucht werden müssen, ohne hilflose, unkundige Hascherl, die im meterhohen Schnee versinken und geborgen werden müssen.
Deshalb schneide ich ein großes Oval aus dem alten

Bettlaken, setze mich zu Miß Lucies Entzücken an die Nähmaschine und lasse den Lederriemen schnurren. Tessie opfert sich, um die Bänder mit der Hand aufzunähen, und Simon gibt mir aus dem Kopf die Telefonnummer des Tierarztes preis.

Dieser hier, in unserem ländlichen Bezirk, heißt Schröder und befaßt sich in der Hauptsache mit Nutzvieh.

Nur mittwochs, wie ich von seiner Frau erfahre, nimmt er Operationen an Kleintieren vor.

Es ist Donnerstag, aber das soll mich nicht davon abhalten, Jüli für nächsten Mittwoch, nachmittags zwei Uhr, anzumelden.

Die ganze Zeit habe ich den Termin im Hinterkopf, was mich Jüli gegenüber irgendwie befangen macht.

Dienstag abend tänzelt sie herein, nimmt Hühnerbrühe mit Einlage entgegen und will sich wieder zurückziehen. Wir nötigen sie eindringlich zum Bleiben, geben sie Miß Lucie zur Gesellschaft ins Wohnzimmer, was diese gründlich mißversteht und als persönliche Kränkung betrachtet.

Erst als Jüli sich erbötig macht, den Lederriemen der Nähmaschine vom Rad zu zurren, läßt sich Miß Lucie dazu herbei, ihr das Spielzeug streitig zu machen.

Aber damit erlischt auch schon ihr positives Interesse, und die Abneigung, die sie Artgenossen gewöhnlich entgegenbringt, gewinnt die Oberhand.

Es ist eigentlich nicht üblich, daß Jüli im Hause nächtigt. Sie und Speed tun das nur zu besonders kalter Winterszeit. Heute empfiehlt es sich deshalb, weil sie morgen garantiert greifbar und zudem nach Möglichkeit nüchtern sein soll. Sie im Flur zu lassen wäre zu heikel, weil irgend jemand nur die Haustür zu öffnen braucht, und

Jüli wäre entwischt. Dasselbe gilt für die Küche, die nahe dem Ausgang liegt, und außerdem ist es dort überaus schwierig, für die erforderliche Nüchternheit zu sorgen. Also bleibt sie Miß Lucie nicht erspart, und eine Weile balgen sich die beiden rein freundschaftlich. Dann ist ein giftiger Ton in ihren Äußerungen zu hören, und sofort ist Speed, der sich bis dahin friedlich auf der Türmatte sitzend die Pfoten wusch, zur Stelle, hangelt sich an der Wohnzimmertür hoch und kratzt den Lack ab.
Zwar ist er sich mit seiner Schwester nicht mehr so einig wie früher, als man Speed nicht ohne Jüli und Jüli nicht ohne Speed sah. Aber im Bestreben, sich gegen Miß Lucie zu wehren und sie zu ärgern, sind sie bis heute vereint, wobei Speed der stärkere Kontrahent ist. Selbst wenn er sonst nichts ausrichten kann, weil wir ihn daran hindern, so hebt er doch wenigstens noch im Hinausjagen sein Bein an Miß Lucies Sandkästchen, nachdem er die Reste von ihrem Tellerchen gestohlen hat.
Beides, das Kästchen und das Tellerchen, wird nach seiner Benutzung von Miß Lucie angeekelt zurückgewiesen.
Mit Jüli verträgt sie sich ein wenig besser, wenn auch, wie ich an diesem Abend feststelle, nicht sehr lange.
Als erstes befördere ich Speed hinaus, der sich heftig wehrt, betupfe die blutenden Kratzwunden an meinem Handgelenk mit einem Desinfektionsmittel und nehme Miß Lucie mit in mein Schlafzimmer.
Bevor ich Jüli mit aufgestellten Öhrchen und mißtrauischem Blick unter der Nähmaschine zurücklasse, schiebe ich ihr die geöffnete Tragetasche mit den Guckfenstern aus Plexiglas ins Zimmer, auf daß sie sich schon damit befreunden kann. Den größten Teil der Nacht

beklagt sich Jüli laut und bitter über die Einzelhaft, kratzt aufrührerisch an der Tür und wirft Gegenstände durchs Zimmer.
Erst gegen Morgen, als ich erwäge, sie in Gottes Namen hinauszulassen, weil meine Nerven der Strapaze keine Viertelstunde mehr gewachsen sind, beruhigt sie sich endlich.
Um halb sieben stehen wir auf, von Gähnkrämpfen geschüttelt, verkatert wie nach einer viel zu langen Fete.
»Heute abend«, kündigt Tessie finster an, »geh ich um acht ins Bett, und wenn auch nur eine Maus irgendwo piepst, kriege ich einen Nervenzusammenbruch.«
»Weißt du«, fragt mich Simon, mit dem Nagel seines Zeigefingers anklagend aufs Zifferblatt seiner Armbanduhr trommelnd, »wann ich das letztemal die Zeit gecheckt habe? Um halb vier!«
»Wir schreiben heute eine Englischarbeit«, sagt Friederike mit niedergeschlagenem Blick und tragischem Entsagungston, »ich kann mir jetzt schon ausrechnen, was für eine Note ich kriege!«
»Klar«, seufzt Simon in seltener Einmütigkeit, »man ist ja nicht fit. Man ist kaputt, wenn man sozusagen keinen Schlaf gehabt hat.«
Die fehlende Nachtruhe macht sich auch bei mir bemerkbar. Barsch rate ich ihnen, sich zusammenzureißen, aber der einzige, der Haltung annimmt, ist Torro.
Jüli, als ich sie Stunden später in die Tasche zwinge, tut mir in der Seele leid. Sie merkt es sofort, nützt meine Schwäche, entschlüpft so oft, bis mir der Schweiß auf der Stirn steht und – Gott sei Dank – Friederike aus der Schule kommt.
Gemeinsam gelingt es uns, Jüli, die inzwischen ebenso

verstört wie erbost ist, in die Tasche zu tauchen und den Reißverschluß blitzartig zu schließen. Der Gedanke, ein gesundes Tier hinzubringen und ein narkotisiertes, operiertes wieder mitzunehmen, hat mich schon bei Miß Lucies Sterilisation mehr beschwert als ihr Gewicht in der Tragetasche.
Der Tierarzt namens Schröder, als ich hereinstolpere, wäscht sich gerade die Hände.
Ich stelle die Tasche mit dem sich wie toll gebärdenden Opfer darin auf einen Stuhl und entnehme meinem vorsichtshalber um den Hals gehängten Beutel meine mehrfach gesteppte, sauber gesäumte, steril gebügelte Näharbeit.
Dieses eine Mal im Leben, so mein Empfinden, verdiene ich ein Lob; nicht nur, um den Tadel von vor sieben Jahren wettzumachen, der mir immer noch wie ein Kerngehäuse im Halse steckt, sondern auch wegen der ausgezeichneten Arbeit, die allein schon deshalb doppelt wiegt, weil Nähen meine Stärke nicht ist und wohl auch niemals werden wird.
»Was ist das?« fragt der Tierarzt, sich die Hände abtrocknend.
»Das Hemd«, antworte ich mit fester Stimme in stolzer Bescheidenheit.
»Welches Hemd?« knurrt er, über den Rand seiner Brillengläser äugend, sichtlich ungehalten.
»Das Hemd für die Katze«, erkläre ich, mit einem nervösen Schluckauf kämpfend, »das sie nach der Operation anzieht, damit die Wunde heil bleibt.«
»Ich brauche einen leeren Tisch«, entgegnet ungerührt der Tierarzt namens Schröder und fegt mir die saubere Handarbeit in die Hände, »und den Schnitt vernähe ich

so, daß nichts daran passieren kann.« Sein Blick stempelt mich zum ahnungslosen Laien, und ich muß mich damit abfinden, fortan mit zwei Kerngehäusen im Hals zu leben.
Beschämt stopfe ich das Hemd wieder in den Beutel, setze mich ins Wartezimmer, harre mit klopfendem Herzen darauf, daß mir Jüli leblos, naß und kalt wieder ausgehändigt wird.
Dann wanke ich mit ihr den Berg hinauf nach Hause. Jüli, die mir sonst so leicht und behende erscheint, liegt wie ein Klumpen in meinen Armen. Der Schweiß steht mir auf der Stirn, als ich endlich daheim bin. Die Kinder, die sich scheu über die geschundene graue Armseligkeit beugen, schicke ich wieder an ihre Schularbeiten.
Im Wohnzimmer sinke ich mit Jüli aufs Sofa. Sie rührt sich nicht, und die Kälte ihres kleinen Körpers ist beängstigend.
Miß Lucie, im Regal hinter den Büchern, reckt den Kopf. Kein Keifen? Kein Fauchen? Keine breit angelegten Ohren?
Nein. Nichts von alledem.
Sie schwingt sich aus dem Regal, schnuppert aufgeregt den Boden entlang, steigt aufs Sofa und läßt sich sichtlich beklommen neben mir nieder.
So sitzen wir beide und wärmen die arme, aufgeschnittene, hemdlose Jüli, die nichts von unserer Zuwendung merkt.
Oder doch?
Was würde sie sagen, wenn sie wüßte, daß Miß Lucie ihr in eben diesem Augenblick verstohlen die kalte graue Stirn leckt?
Wir wissen es nicht und werden es niemals wissen.

Aber fest steht, daß sich der schrecklich starre Blick aus halb geschlossenen Augen erstmals ein ganz klein wenig belebt. Ich fühle mich um vieles leichter, obwohl Miß Lucie mir gerade ihre satten acht Pfund Lebendgewicht auf die Knie legt, um auch Jülis rechtes Ohr zu waschen.

Miß Lucie und die Kontaktlinsen

Der frühe Herbst kündigt sich bei uns stets damit an, daß Torro verschwindet, um die Hündin seiner Wahl zu belagern, eine Colliemischung namens Kessi. Sie lebt in der nahen Jugendherberge und beschäftigt ihn zweimal im Jahr bis zur Schlaf- und Appetitlosigkeit.

Für alle Beteiligten ist das eine Zeit der Prüfung, die man leichter durchstünde, wenn nichts sonst dazukäme; aber es hat kein Jahr gegeben bisher, das uns in diesen drei turbulenten Wochen nicht noch ein paar zusätzliche Belastungsproben gebracht hätte.

»Ich möchte mich auf Kontaktlinsen umstellen«, sagt Tessie, ihre Brille abschätzig betastend.

»Warum?« fragt Simon erstaunt.

»Das blöde Ding hat mich immer schon gestört«, erklärt Tessie mit einer Stimme, in der jahrelang unterdrückter Abscheu schwingt.

»Versteh' ich nicht«, murmelt Simon, selbst Lesebrillenträger, »was ist dabei? Man gewöhnt sich doch daran.«

»Ich nicht«, stößt Tessie unerwartet heftig hervor, »ich hab' sie gräßlich gefunden vom ersten Tag an, und daran hat sich nie etwas geändert, nie!«

Simon schüttelt stumm den Kopf.

»Sobald ich mich über einen Topf beuge und den Deckel hebe, stehe ich im Nebel«, lamentiert Tessie hemmungslos weiter. »Was glaubst du, wie man da verunsichert wird! Und irgendwie drückt mich das ganze Gestell

furchtbar nieder. Das meine ich wörtlich. Es zwickt mich in die Nase! Es ist mir eine Last!«
»Aber hör mal«, sagt Simon beschwichtigend, weiter kommt er nicht, weil Friederike mit wahrer Leidenschaft das Wort ergreift.
»Was geht dich das überhaupt an, he? Ist das ihre Brille oder deine, he? Ist das ihre Entscheidung oder deine, sag mal! Sie hat dich gar nicht nach deiner Meinung gefragt. Sie hat bloß gesagt, sie will Kontaktlinsen!«
»Okay, okay«, grollt Simon, beide Hände abwehrend erhoben, »deshalb brauchst du mir nicht gleich ins Gesicht zu springen. Alte Motze«, fügt er hinzu, die Tür öffnend, um von Torro begeistert zur Seite gedrängt zu werden.
»Nein!« rufe ich entsetzt. »Laß ihn nicht schon wieder raus! Gönn den Leuten drüben mal eine Stunde Frieden!«
Aber es ist zu spät.
Alles, was wir von Torro noch sehen, ist sein im Lauf gestreckter Rücken hinter einer Hecke; dann ist auch der verschwunden wie ein Spuk in der sinkenden Nacht.
Tessie nimmt das Thema »Kontaktlinsen« wieder auf, unterstützt von Friederike. Es liegt ihr am Herzen, man merkt es überdeutlich.
Ein Termin mit dem Optiker ist schon vereinbart, erfahre ich bei dieser Gelegenheit.
Morgen von zwei bis drei Uhr mittags findet die erste Anprobe statt. Komme ich mit? Nur dieses erste Mal? Sie stelle sich die Anproben, deren insgesamt drei oder vier erforderlich seien, doch recht nervig vor.
Mit Recht, wie wir gemeinsam feststellen sollen.
Eine Kontaktlinse ist so groß wie ein Fingernagel. Aber

ihre Wirkung beim ersten Einsatz ist die eines Holzhammers.
Tags darauf erhebt sich Tessie tränenüberströmt vom Polsterschemel in der verglasten Optikerkabine, tastet nach meinem stützenden Arm und taumelt hinaus zum ersten Probelauf.
Ich segne im nachhinein meinen Entschluß, ihr zur Seite zu stehen, denn was sie sonst wohl täte, ist mir schleierhaft. Wahrscheinlich liefe sie in eine Schaufensterscheibe, oder sie fiele von der Brücke. Behutsam führe ich sie Schritt für Schritt den Bürgersteig entlang, fühle die befremdeten Blicke der Passanten auf uns ruhen und erkundige mich gedämpft nach Tessies Befinden.
Alles, was sie angestrengt murmelt, ist: »Naja.«
Bevor sie einen Kindersportwagen zwischen die Füße kriegt, halte ich sie kurz an.
In diesem Augenblick sehe ich Torro.
Er rennt über die befahrenste Kreuzung der Stadt, als sei sie ein einsamer Feldweg, ignoriert einen Laster voller Sprudelkisten, gerät fast unter den Anhänger, und taucht – ein wahres Wunder – unbeschadet auf der gegenüberliegenden Straßenseite auf.
Ihn anzurufen wage ich nicht, weil er sonst womöglich die Todesstrecke wieder zurückraste.
»Was ist los?« fragt Tessie, sich die nassen Wangen betupfend.
»Wie kommst du darauf, daß etwas los sein könnte?«
»Du hast mich gerade so fest in den Arm gekniffen, daß ich bestimmt einen blauen Fleck kriege. Also, was?«
»Torro ist hier. Er hat sich gerade um ein Haar von einem Laster überrollen lassen.«
»Torro? Du lieber Gott! Wo ist er denn jetzt?«

Genau das versuche ich zu ergründen, aber es gelingt mir nicht.
Erst als ich Tessie, deren getrübter Blick sich allmählich zu klären beginnt, dem Optikergeschäft wieder zuführen will, weil die für den Probelauf vereinbarten dreißig Minuten vorüber sind, sehe ich Torro auf dem gegenüberliegenden Parkplatz herumspringen.
Etwas später weiß ich auch, warum.
In der äußersten Ecke steht der Kombi der Jugendherberge. Drin sitzt lächelnd und hechelnd die schöne Kessi.
Während sie drinnen die Nase ans Fenster preßt, versucht er mit aller Macht, die Tür zu öffnen.
Ich ahne bereits Kratzspuren im Lack und Abdrücke seiner Schmutzpfoten an der Scheibe und befehle mir, ruhig zu bleiben, ganz ruhig.
Eins nach dem anderen.
Erst muß Tessie mit aller gebotenen Vorsicht auf den Polsterschemel zurückgebracht werden.
Dann erst kommt der Hund dran.
Der Anblick, als ich fünf Minuten später aus dem Geschäft trete und den Parkplatz anvisiere, raubt mir den Atem.
Auf dem Dach des Kombi steht Torro wie ein sehr lebendiges Hunde-Denkmal und versucht mit allen vier Pfoten, sich von oben her Einlaß zu verschaffen. Ein Volksauflauf schart sich bereits um ihn und das Auto, in dessen Vordersitz Kessi wie eine Löwin tobt.
So ungern ich mich im Mittelpunkt sehe, so zwingend erscheint mir die Notwendigkeit, mich Torro zu nähern, ein paar Leute beiseite zu schieben und ihn streng herunterzukommandieren.
Er mustert mich voller Erstaunen aus seiner luftigen

Höhe, zeigt sich mäßig erfreut, benutzt schließlich das Dach einer Ente als Treppenstufe und kommt neben mir auf die Füße.
Ohne Leine, die zu Hause friedlich am Haken hängt, kann ich den Gedanken, ihn mitzunehmen, getrost vergessen.
Aber Not macht erfinderisch.
Vom Volksgemurmel begleitet, hake ich den Riemen meiner Schultertasche ab, befestige ihn an Torros Halsband und zerre ihn eilig, stumm und blicklos zwischen den parkenden Autos hindurch.
Aus dem Optikergeschäft kommt Tessie mit einem überirdischen Lächeln auf den verquollenen Zügen.
Besser, findet sie, hätte es gar nicht gehen können. Morgen exerzierten wir das Ganze noch einmal durch, nur noch eine halbe Stunde länger. Die Linsen habe sie bei sich, um das Einsetzen und das Abnehmen zu Hause zu üben.
Wir ziehen Torro, der alle drei Schritte umkehren will, abwechselnd unseren Berg hinauf. Erst kurz vor der Einfahrt macht er sich endlich frei, mein Taschenriemen reißt in zwei ungleiche Stücke, und selbst Tessies strapazierte Augen hinter der verhaßten Brille können sehen, wie hundert Meter weiter im Hof der Jugendherberge unser Torro seine Kessi glücklich umarmt.
Sie ist gerade leichtfüßig aus dem eben angekommenen Kombi gehüpft und hat erwartungsvoll ihre schöne rotbraune Löwenmähne zurechtgeschüttelt.
Mir reicht es für heute, ihn einzufangen.
»Simon!« rufe ich, weil er gerade in Sicht ist. »Lauf rüber und hol den Hund, er hat schon genug Ärger gemacht!«
Mein Sohn, der auf einem Baum sitzt und Äpfel für seine

Ponys pflückt, läßt sich unwillig an einem morschen Ast herab, mißt mich mit einem anklagenden Blick und spricht die althergebrachte Klageformel: »Immer ich.«
Am Abend dieses Tages sitzen wir im Kreis um den Tisch und betrachten andächtig die aufgeklappte Schachtel, der Tessie ein Plastiketui mit den Kontaktlinsen entnimmt.
In den Einbuchtungen rechts und links stecken Fläschchen mit Pflegeflüssigkeiten und ein winziger Glasstempel, mit dessen Hilfe die Linsen nach Gebrauch wieder abgenommen werden.
»Mir wird schlecht, wenn ich nur dran denke«, würgt Friederike und wendet sich krampfhaft den Kakteen auf der Fensterbank zu.
»Wieso denn?« fragt Simon. »Das ist doch alles sehr interessant.«
»Lieber«, bringt Friederike schaudernd hervor, während Tessie sich übungshalber eine Linse auf die Pupille klebt, »würde ich mein Lebtag Brille tragen, und wenn sie einen Zentner schwer wäre!«
»Nun laß sie doch in Ruhe«, zischt Simon, »siehst du nicht, daß sie sich konzentrieren muß?«
»Tut das weh?« frage ich besorgt.
»Nein«, sagt Tessie, »es ist nur ungewohnt. Gib mir mal einen Rasierspiegel, bitte. Dieser hier ist zu klein.«
»Grauenhaft«, flüstert Friederike.
»Halt den Mund«, raunt Simon.
Ich eile nach dem Rasierspiegel.
Miß Lucie, auf dem Schrank sitzend, zieht sich den von Tessie gerade aufgegebenen kleinen Taschenspiegel heran, beugt sich darüber und hält wohl nicht für möglich, was sie da sieht.

»Nun, wie ist es?« erkundigt sich Simon mit unterdrückter Ungeduld. »Kommst du klar? Sitzen die Dinger?«
Tessie schweigt, massiert sich die Backenknochen, zwinkert, starrt angestrengt zu Boden, hält sich an der Stuhllehne fest und hebt im Zeitlupentempo den Kopf.
»So«, sagt sie aufmunternd, »jetzt sitzen sie.«
»Woran merkst du es?« will Simon wissen.
»Daran, daß ich den Knopf heben und die Augen aufmachen kann.«
»Toll«, staunt Simon in aufrichtiger Bewunderung.
Friederike wagt einen halben Blick.
Miß Lucie beutelt mit beiden Pfoten den Spiegel.
»Nimmst du sie gleich wieder raus?« fragt Simon gespannt.
»Nicht sofort. In einer Viertelstunde ungefähr.«
In der Waschküche heult Torro wie ein angeschossener Wolf.
»Mußt du ihn denn auch einsperren?« seufzt Friederike vorwurfsvoll.
»Na hör mal!« ruft Simon aufgebracht. »Was glaubst du, wo er sich rumtreibt, wenn man ihn läßt! Steigt auf Autodächer und zerrupft Mamas Taschenriemen! Und dreimal darfst du raten, wer ihn vorhin noch mal abführen durfte, als er schon wieder hinter Kessi in die Jugendherberge drängelte! Du nicht, aber ich! Dabei ist es dein Hund! Bloß bist du nie da, wenn man dich braucht!«
»Also das«, überschreit ihn seine Schwester, »ist ja wohl die Höhe! Unterstehst dich, mich anzumotzen, wo du ganz genau weißt, daß ich in der Bibliothek war! Und zwei Bücher hast du mir untergejubelt, die ich da für dich abgeben soll, und hast mir nicht mal gesagt, daß sie seit vier Wochen überfällig waren! Das kostet eine Mark, und

außerdem meckern sie einen an! Und als Dank kriegt man dann auch noch vorgeworfen, man wäre nie da! Nächstes Mal kannst du lange warten, bis ich dir deine blöden überfälligen Bücher dahin schleppe!«

»Ich habe mir keine mehr ausgeliehen seit dem Sommer«, versetzt Simon grinsend, »es trifft mich also nicht, womit du mir drohst. He«, er wendet sich an Tessie, die sich vorübergehend die Ohren zugehalten hat und jetzt nach dem winzigen Glasstempel greift, »bist du soweit? Klaubst du die Dinger jetzt wieder raus?«

»Ruhe!« grunzt Tessie, die verquollen und gequält aussieht. »Ich brauche absolute Ruhe, kapiert das denn keiner?«

»Doch, klar«, versichert Friederike hastig.

»Logo«, murmelt Simon ernst.

Draußen bollert Torro gegen die Waschküchentür, daß es kracht.

Miß Lucie beutelt aufgeregt den Taschenspiegel.

»Nimm ihn weg, Mama«, fleht Friederike mit gedrosselter Stimme, »sie schmeißt ihn sonst bestimmt gleich runter!«

Miß Lucie, über den Spiegel gebeugt, starrt ungläubig auf ihre hübsche Stirn. Die Spitze eines weißen Dreiecks sitzt genau in der Mitte zwischen den rabenschwarzen Ohren. Das gibt ihr ein mädchenhaftes, gescheiteltes Aussehen, und ich bilde mir bis heute ein, niemand könne sie auch nur eine Minute lang für einen Kater halten.

Überhaupt ist ihre Zeichnung ein Meisterwerk der Symetrie.

Ihr schwarzes Rückenfellchen ist rechts so lang wie links und läuft in einen schwarzen Schwanz aus, der im Lauf

der Jahre ein bißchen dünn und dürftig geworden ist. Prächtig dagegen und schneeweiß ist das Bauchfell, auf das sie sich viel zugute hält. Unverhältnismäßig oft wird es gestriegelt und geputzt, wie unbequem sich diese Arbeit mit zunehmender Fülle auch gestalten mag.
Das schönste jedoch und das ausdrucksvollste an meiner Katze ist für meinen Geschmack ihr Gesicht.
Es scheint, sie selbst ist da anderer Meinung. Der drohende Knurrton, in den sie verfällt, spricht von Feindschaft, und alle Signale stehen auf Sturm, als Tessie den winzigen Glasstempel anzusetzen beginnt.
Mein Versuch, Miß Lucie das verhaßte Bild einer vermeintlichen Gegnerin zu entwenden, mißlingt.
In eben dem Moment, da Tessie die Linse auf dem Stempel balanciert, schafft Miß Lucie das fremde Gesicht endgültig beiseite. Es fällt klirrend auf den gedielten Boden und zerbirst in tausend glitzernde Splitterchen.
Tessie läßt vor Schreck den Stempel beben, die Linse löst sich in Luft auf. Weg ist sie, futsch, verschwunden, verloren.
Benommen sehen wir uns an.
Tessie beginnt zu weinen.
Jeder beschuldigt jeden des Vergehens.
Miß Lucie absentiert sich auf die Fensterbank.
Torro ist im Begriff, die Waschküchentür zu zerschmettern.
»Sachte«, bitte ich mit erhobenen Händen, beschwörend, um weiteres Unheil zu verhüten, »sachte! Nur nichts überstürzen!«
Als erstes werden vorsichtig mit der Tischbürste die Spiegelsplitterchen zusammengefegt und auf einen fin-

gernagelgroßen Fremdkörper untersucht. Zu diesem Zweck setzen Simon und ich unsere Lesebrillen auf und lassen uns auf die Knie nieder.
Nichts.
Tessie, nachdem sie sich mühsam etwas beruhigt hat, nimmt die andere Linse erstaunlich rasch und komplikationslos aus dem Auge und bringt sie mitsamt dem Stempel in Sicherheit.
Sie sieht müde aus und total erschöpft. Wir schicken sie ins Bett.
Etwas später verkrümeln sich auch die Kinder. Wir haben jeden Quadratzentimeter Dielenboden abgesucht und die schier unergründlichen Wollstoppeln des Teppichs mit den Fingerspitzen durchtastet.
»Was nun?« fragt Simon mit schwerer Stimme.
»Wirst du Tessie das dumme Ding ersetzen, Mama?« fragt Friederike gedämpft.
Ich verspreche es feierlich.
Dann lasse ich Torro raus, weil sonst die Tür zu Bruch geht. Jetzt tobt er draußen durch den Hof. Ob das wacklige Tor ihn aufhalten kann, ist äußerst fraglich. Notfalls wird er drüberklettern.
Ich fühle mich außerstande, ihn aufzuhalten, räume ein paar Sachen ziellos von einem auf den anderen Platz, prüfe, ob der Wecker richtig gestellt ist, und unterhalte mich dabei halblaut mit Miß Lucie.
Ihre Antworten, solange sie mir welche zukommen läßt, bestehen aus kurzen Mi- und Ma-Tönen, die sie virtuos variiert.
Dann verstummt unser Dialog, ich rede allein weiter, da Miß Lucie mir nicht mehr folgen kann. Sie ist zu beschäftigt. Unterm Tisch, auf den Wollstoppeln sitzend, öffnet

und schließt sie die rechte Vorderpfote, senkt betrachtend den Kopf und legt ihn nachdenklich schräg.
Irgend etwas bringt mich ebenfalls auf den Teppich. Es ist eher ein Instinkt als ein fixer Gedanke.
Miß Lucie will mir die Pfote nicht zeigen, geschweige denn geben.
Sie will auch nicht loslassen, was sie da zwischen ihre weichen Ballen gebettet hat.
Ihr Interesse auf ein Stückchen Wurst zu lenken und gleichzeitig die Hand aufzuhalten, um das fingernagelgroße Etwas aufzufangen, bevor es wieder in den unergründlichen Tiefen des Teppichs verschwindet, ist gar nicht so einfach.
Es ist, ganz im Gegenteil, viel schwieriger, als es sich im nachhinein anhört, da ich an Tessies Bett trete und leichthin sage:
»Hier ist deine Kontaktlinse, Tess. Miß Lucie hat sie gerade gefunden.«
»So ein gutes Tier«, murmelt Tessie gerührt und steht noch einmal auf, um die Linse in ein Reinigungsbad zu legen.
»Ein Glück«, murmelt Tessie lächelnd, sinkt ins Bett zurück und ist schon eingeschlafen.
Daß es nicht Speed und Jüli waren, denke ich ergänzend und beschließe, die Kontaktlinsen-Aktion in Tessies Zimmer zu verlegen, hinter die verschlossene Tür, und zwar für alle Zukunft, auch wenn sie eines fernen Tages nur noch zwei lässige Minuten dauern sollte.
Einen letzten Blick hinauswerfend, sehe ich, daß Torro das Tor ausgehängt und sich selbst verflüchtigt hat.
Morgen werde ich ihn früh holen und mich für ihn entschuldigen. Sein langgezogenes Geheul ist im ganzen Tal zu hören.

»Na dann, gute Nacht«, sage ich zu Miß Lucie, die noch einmal hoffnungsvoll im Teppich herumstochert und mir dann folgt, um ihre unschätzbare Wärme auf meine empfindlichen Knochen zu verströmen.
Wie Tessie so richtig bemerkte: Sie ist ein gutes Tier.

Miß Lucie und ihre Ahnungen

Am frühen Morgen hat ein Gewitter getobt. Aber die Luft ist nach wie vor warm, feucht und schwer. Diesig lagert sie im Tal; dumpfe Schwaden wehen ums Haus.

Wenn man Miß Lucie übers Fell streicht, erhält man kleine Schläge. Es knistert und funkt. Die Gewitter in diesem Jahr haben es in sich. Einer Frau, erzählt Dora, die mit mir am abgeräumten Frühstückstisch sitzt, ist der Blitz in den Kühlschrank gefahren. Hinterm Friedhof hat er einen Baum gespalten.

Haben wir, frage ich mich besorgt, eigentlich einen Blitzableiter?

O doch, ja, auf dem Dach.

Obwohl, wie man so hört, das gar nicht nötig sei in Anbetracht all der Hochspannungsmasten, die rundum aufragen. Von ihnen werde der Blitz magisch angezogen.

Angezogen?

Unbehagen erfüllt mich plötzlich, denn der nächste Mast steht nur dreißig Meter weit weg. Drei dicke Kabel führen über Ponykoppel, Hangwiese, Apfelbäume, Feldscheune quer durchs Tal.

Was, wenn der Blitz sich ausgerechnet diesen unseren Mast aussucht?

Selbst wenn, erklärt mir Dora, so mache das nichts. Denn die Isolierung der Hochspannungsmasten sei geradezu perfekt, sozusagen idiotensicher.

»Dein Wort in Gottes Ohr«, höre ich mich hoffnungsvoll

murmeln und beschließe, das Problem mit den Kindern zu ventilieren – wozu erhalten sie in der Schule schließlich naturwissenschaftlichen Unterricht, nicht wahr? Alles, was ich zum Thema Gewitter je gelernt habe, bezieht sich auf das Verhalten im Wald und ist mir durch folgenden Spruch in Erinnerung geblieben: »Von der Eiche weiche, die Buche suche!«
Beides sind Laubbäume, die ich vorwiegend an ihren Früchten erkenne, den Eicheln und den Bucheckern.
Es wäre also durchaus vorstellbar, daß ich in einer unfruchtbaren Jahreszeit bei Gewitter in wilder Panik die Nadelbäume ansteuerte, nur um sicherzugehen.
Des weiteren hat man mich in meiner Kindheit stets angewiesen, vom Blitz bis zum Donnerschlag die Sekunden abzuzählen. Komme ich bis dreißig, so ist das Gewitter beruhigend weit weg.
Aber ich komme nicht dazu, mein Wissen nutzbringend anzuwenden in dieser diesigen Vormittagsstunde, denn erstens befinde ich mich nicht im Wald, zweitens blitzt und donnert es nicht. Dafür probiert Miß Lucie den neuen Brotkorb aus.
Er ist viel zu klein und paßt ihr überhaupt nicht. Trotzdem steigt sie unverdrossen hinein, trippelt auf allen vier Pfoten im Kreis herum, so lange, bis ihr der Augenblick günstig erscheint, um sich mit einem satten Plumps niederzulassen und den schwarzen Schwanz einer Schleppe gleich um den Korbrand zu drapieren.
Geistesabwesend sehen wir ihr dabei zu, Dora und ich, befangen in der atmosphärischen Störung des Vormittags.
Irgendwo, meine ich, gewittert es wohl noch.
Dora glaubt es nicht, weil kein noch so fernes Donnergrollen darauf schließen läßt.

Oder?
Wir lauschen angestrengt mit gerunzelten Stirnen und vernehmen nichts. Selbst Torro gibt keinen Laut, wo immer er sich herumtreiben mag, wahrscheinlich im Hof der Jugendherberge.
Die Stromkabel überm Tal vibrieren lautlos, und Miß Lucie reißt plötzlich die Augen auf. Ihr Fell sträubt sich, ihr Schwanz bauscht sich, der Korb kollert hinter ihr drein, als sie mit allen vieren auf dem Boden landet und in einer Nische zwischen Kühlschrank und Spüle Dekkung sucht.
Verblüfft ziehe ich das Tischtuch wieder zurecht und rette im letzten Moment die Butterdose, die hart an die Grenze geraten ist.
Dora bückt sich nach dem Korb.
Miß Lucie versucht unter Einsatz aller Krallen sich eine Höhle auszuheben, einen Bunker zu bauen oder sich sonstwie in Sicherheit zu bringen.
»Macht sie das oft?« fragt Dora befremdet.
»Nicht, daß ich wüßte. Vielleicht ist sie verrückt geworden«, sinniere ich und ermahne Miß Lucie mit eindringlicher, warmer Stimme, das kleine Stück Wand zu schonen, um meinetwillen, denn wie soll ich mich jemals in die schmale Nische zwängen, um den Schaden zu beseitigen? Aber ich finde kein Gehör. Miß Lucie ist offenbar gewillt, sich in die Wand einzubuddeln. Der Verputz stäubt bereits auf die Fliesen.
»Horch«, unterbricht mich Dora und winkelt den Zeigefinger ab.
Es knistert, als entzünde draußen jemand einen Feuerwerkskörper. Mein Unbehagen verstärkt sich. Ein trockenes Knattern jagt mir einen Schauer über den Rücken.

Es prasselt, knallt, tut ein paar wüste Schläge. Funken stieben, eine unsichtbare Ladung explodiert, neue Lunte zischt, pufft, brodelt, und irgendwas fliegt irgendwo in die Luft.

»Was ist denn da los?« flüsterte Dora mit bleichen Lippen.

Ich kann mir nichts anderes denken, als daß der dritte Weltkrieg ausgebrochen ist. Die Stromkabel draußen vibrieren immer stärker, und jetzt sehen wir auch, warum. Sie brennen wie Wunderkerzen, glühen, schmoren, zerfallen schließlich und sinken wie durchschnittene, riesige Wäscheleinen auf zähes Weißdorngestrüpp. Dort, wo sie in luftiger Höhe befestigt sind, tobt immer noch die Explosion. »Das ist doch nicht möglich«, stammelt Dora, ein paar Schritt aus der Haustür tretend.

»Was?« frage ich in meiner Ignoranz, stolpere hinter ihr her und weiß im nächsten Augenblick: Der Blitz ist in die Hochspannungsleitung gefahren. Von wegen Isolierung!

Von der Einfahrt her, Panik im Blick, einen Stein in der Schnauze, nähert sich Torro.

Steine sind schlecht fürs Gebiß.

Ich sehe es ungern, wenn er welche ausgräbt, aufnimmt und herumschleppt. Meine Abneigung gegen seine Beute einkalkulierend, schlägt er rasch noch einen Haken, legt den Stein am Zaun des Gemüsegartens nieder und kommt ins Haus geflitzt.

Dora telefoniert bereits mit der RWE-Hauptdienststelle.

Ja, ein Blitz hat eingeschlagen.

Nein, wir haben keinen bemerkt. Auch keinen Donner gehört. Nur die Katze hat wie verrückt Deckung gesucht, als gelte es, einen Luftangriff zu überstehen. Doch, es sehe aus wie ein Blitzeinschlag.

Was sonst soll es sein, wenn die Kabel durchgeschmort sind und der Teufel los ist auf dem Mast? Man möge doch bitte endlich den Strom daraus entfernen.
Zehn Minuten später, in denen Miß Lucie wie ein kleiner Vogel Strauß den Kopf hinterm Kühlschrank geborgen hält und sogar Torro am Eingang der Nische duldet, ist der böse Spuk vorbei und der Strom abgeschaltet. Ausgestanden vor allem ist die Angst davor, daß die Ponys sich dem Weißdorngestrüpp nähern, auf dem die schlaffen Kabelenden ruhen.
Bis heute bin ich der Meinung, daß es ihren sicheren Tod bedeutet hätte, wenn auch ein Teil der befragten Elektrofachleute dies bezweifeln.
Torro faßt sich als erster und schleicht wieder hinaus.
Miß Lucie hat Schwierigkeiten, den Kopf zurückzuziehen. Ich rücke den Kühlschrank ab, sie schlüpft erleichtert aus der Nische und macht genau da weiter, wo sie vor zwanzig Minuten aufgehört hat: Sie springt auf den Tisch, bepfotet den Brotkorb, schiebt ihn entrüstet von sich und ruht nicht, bis er wieder auf dem Boden liegt.
Die Einfahrt füllt sich mit RWE-Autos, aus denen behelmte Männer steigen.
Torro bellt sich die Seele aus dem Leib und wird vorsichtshalber ins Haus beordert. Die Kinder kommen aus aus der Schule und wollen wissen, was das alles soll. Ich erzähle es ihnen in Stichworten und trage gleichzeitig eine hastig zusammengerührte Suppe auf.
In Anbetracht der Gefahr, in der ich geschwebt habe, und der ausgestandenen Angst verzeihen sie mir die Knötchen, tragen sie sorgfältig am Tellerrand zusammen und erteilen mir den guten Rat, künftig beim Ein-

rühren von Trockensuppen keinen Löffel zu verwenden, sondern einen Schneebesen.
»Genau das tue ich seit Jahrzehnten«, antworte ich abweisend und bin froh, daß Tessie nicht da ist, die garantiert noch ein paar gute Gründe fürs Vorhandensein der Knötchen anzubringen wüßte. Draußen werden Metalleitern von den Fahrzeugen gehoben, zum Mast getragen und aufgerichtet.
Zwei der behelmten Männer erklimmen die Sprossen und schweben alsbald in schwindelnder Höhe, obwohl der Donner neuerlich zu grollen beginnt und überm fernen Waldrand Blitze zucken.
Wenn es eine Tätigkeit gibt, die auszuüben ich mich standhaft weigern würde, es sei denn, man zwänge mich mit vorgehaltener Waffe dazu, dann ist es diese. »Ein Glück«, würde Tessie sagen, »daß dir eine so prekäre Situation bisher erspart geblieben ist.«
Am Nachmittag, bei inzwischen strömendem Regen, packen die Männer ihre Siebensachen zusammen, laden die Leitern auf und machen für heute Schluß mit dem Hinweis, morgen früh seien sie wieder zur Stelle. Der Hund, falls er beiße, möge eingesperrt bleiben.
Bis sie mit allem fertig seien, den Arbeiten an Mast und Kabeln, dauere es länger. Besser, wir stellten uns auf mehrere Tage ein.
»Klar«, sagt Simon, als er es hört, »wird das lange dauern. Mir ist sowieso schleierhaft, was sie mit den durchgeschmorten Kabeln anstellen wollen.«
Tessie, kaum nach Hause gekommen, hat die Lage bereits gepeilt.
»Die flicken sie wieder zusammen!«
»Ob das geht?« wage ich zu bezweifeln.

»Du wirst schon sehen.«
Die letzten Wagen sind endlich aus der Einfahrt gerollt. Aufatmend lasse ich Torro raus. Als erstes eilt er zu seinem Stein, nimmt ihn auf und trägt ihn ein paar Schritte weiter in einen Holunderbusch.
»Laß das sein«, ruft Friederike hinter ihm her, »du kriegst bloß Zahnweh davon, Dummer!«
Torro tut so, als verstünde er kein Wort, aber das hilft ihm diesmal wenig, denn Friederike hat seine Leine vom Haken genommen und beschlossen, mit ihm spazierenzugehen. Schließlich hat er am Tage unverhältnismäßig wenig Bewegung gehabt und wird auch morgen über weite Strecken das Haus hüten müssen.
Draußen hat es sich aufgeklärt.
Die Luft ist endlich wieder frisch und frei von atmosphärischen Störungen.
Friederike verschwindet mit Torro über den Hügel. Simon geht zu den Ponys. Tessie und ich vertreten uns die Füße vorm Haus, gefolgt von Miß Lucie, die sich mißtrauisch nach Speed und Jüli umschaut, aber keins von beiden entdeckt.
Tessie pflückt ein paar regennasse Spätsommerblumen; ich prüfe die Äpfel am Baum auf ihre Reife. Miß Lucie nimmt Kurs auf den Holunderstrauch, schlägt ihre Krallen in den Stamm, drückt den Rücken durch und macht den ungeheuer konzentrierten Eindruck, den sie bei all ihren Körperpflegeübungen stets vermittelt.
Ich sehe ihr wohlgefällig zu im Gedanken an meine Regalwände, die dadurch geschont werden, nicht zu reden von den Sofabezügen und dem unteren Vorderteil des Polstersessels.
Während Tessie die Blumen hineinträgt und ich unge-

duldig von einem Fuß auf den anderen trete, erwacht Miß Lucies Interesse an dem Stein, Torros Stein.
Sie umstreicht ihn mit Hingabe, um plötzlich einen kleinen Hüpfer rückwärts zu machen.
Von drinnen verkündet Tessie laut das Fernsehprogramm des Abends. Auf der Anhöhe schließt Simon den Koppelzaun mit einer Drahtmasche.
Es ist empfindlich kühl geworden nach dem Regen. Ich rufe Miß Lucie, aber sie hört nicht zu.
»Willst du nicht wenigstens die Nachrichten sehen?« fragt Tessie durch zwei offene Türen.
Nein, ich will nicht. Für heute ist mein Bedarf an Katastrophen gedeckt. Außerdem ist Miß Lucie immer noch nicht dazu bereit, von Torros Beute abzulassen.
Irgendwie kommt mir das merkwürdig vor. Torro ist sein Leben lang ein Steinsammler gewesen. Aber was soll meiner Katze ein Stein, der halb so groß ist wie sie selbst? Sie kann ihn nicht dribbeln, nicht rollen, nicht zwischen den Vorderpfoten balancieren, also was?
Der Frage nachgehend, finde ich mich neben dem Holunderstrauch wieder, der sich ohne menschliches Zutun am Rande des Gemüsegartens angesiedelt hat.
In seinem Windschatten, eingebettet in hohes, feuchtes Gras, liegt lehmig-grau das, was Torro im Toben der Elemente heute herbeigeschafft hat.
Miß Lucie läßt spielerisch die Pfoten darübergleiten, nimmt Abstand und sieht, daß sich da etwas bewegt.
Ich sehe es auch: vier erdfarbene Füße und ein grämlich ausschender Kopf, der gleich wieder zurückschrumpft.
Torros Beute ist kein Stein.
Es ist eine Schildkröte.
Miß Lucie sieht ratlos aus.

Ich bin es ebenfalls.
Man findet in abseits liegenden Eifelgegenden zuweilen Frösche, Igel, Salamander und Blindschleichen.
Aber man findet keine Schildkröten.
Er muß sie demnach gestohlen haben.
Miß Lucie weicht bereits in den Holunder aus, bevor Torro, Unrat witternd und von der Leine befreit, herangeprescht kommt.
Ich erwische ihn am Halsband.
Friederike schnaubt »Räuber!«, als ich sie auf den Fund aufmerksam mache, und führt den heftig widerstrebenden Torro ins Haus.
Dann prüfen wir die Schildkröte auf ihren Gesundheitszustand.
Überm Kopf ist ihr Panzer ein bißchen angekaut, und über dem Rücken sieht man ein paar Kratzer.
»Die können auch von Miß Lucie stammen«, meint Friederike stirnrunzelnd.
Das glaube ich nicht. Miß Lucie hatte kaum Gelegenheit, sich zu betätigen. Auch war ihr das Spielzeug offenbar von Anfang an nicht ganz geheuer.
»Schon gut, schon gut«, räumt Friederike unwillig ein, »es ist Torros Schuld. Aber deswegen ist Miß Lucie noch lange kein Engel.«
Ich kann mich nicht daran erinnern, dies je behauptet zu haben.
»Aber du nimmst sie immer so in Schutz!« ruft Friederike anklagend. »Nie gibst du mal was zu!«
»Was um alles in der Welt soll ich zugeben? Miß Lucie geht nun einmal nicht herum und klaut Schildkröten! Was kann ich dafür?«
Auf eine so unlogische Frage antwortet Friederike gar

nicht. Statt dessen trägt sie die unglückliche Schildkröte in den sicher eingezäunten Gemüsegarten, setzt sie in ein Salatbeet und wirft in plötzlicher Erleuchtung die blonde Mähne aus der Stirn.

»Weißt du, wo er sie herhaben kann? Aus der Jugendherberge!«

Ich eile ins Haus, hänge mich ans Telefon und wähle die Nummer unserer einzigen Nachbarschaft.

Gehört eine Schildkröte zum Haushalt?

Ja, so ist es.

Wird sie vielleicht vermißt?

Nein, das heißt kaum, zumindest war sie vor nicht allzu langer Zeit noch zu sehen.

Moment mal!

Man hört Stimmen im Hintergrund, die nach Ossi fahnden. Ooosssiii.

Nanu? Wo ist er denn? Nicht in seiner Kiste?

Nein. Natürlich nicht.

Vor einigen Stunden wurde er in aller Stille entführt, von einem Untier namens Torro.

Jetzt sitzt Ossi in unserem Salatbeet und kaut langsam und methodisch Blatt für Blatt. Wir sind gern bereit, alle grünen Köpfe für ihn rollen zu lassen, wenn es ihn nur freut, wenn es seine lädierte Rüstung in Ordnung bringen hilft und Torros Schuld halbwegs zu tilgen imstande ist.

In einem mit weichen Blättern ausgelegten Korb bringen wir ihn zurück.

Heimgekehrt, schneide ich Miß Lucie das Wort ab, mit dem sie mich für die Nacht um Ausgang ersucht. Nichts da! Keine Experimente.

Für heute reicht es.

Der Tag war abenteuerlich genug.
Ich will nicht von lautstark im Hof ausgetragenen Fehden mit Speed und Jüli geweckt werden, die – das sei hier freimütig eingestanden – nicht immer und ausnahmslos von den grauen Irrwischen angezettelt werden. Manchmal ist auch Miß Lucie schuld.
Selbstverständlich ist sie kein Engel. Sie ist eine Katze.
Ich denke, daß hiermit Friederike Genüge getan und ihr Vorwurf entkräftet worden ist.

Miß Lucie und das Überlebenstraining

Es kommt selten vor, daß ich verreise. In diesem Jahr tue ich es. Ich fahre zur Buchmesse, das ist beschlossene Sache. Man mag darüber denken, wie man will, und ganz bestimmt sind achtzigtausend Neuerscheinungen für einen, der selbst Bücher schreibt, eher ein Grund, der Ausstellung fernzubleiben.

Aber mich ficht das nicht an.

Ich löse lediglich ein Versprechen ein, das ich mir selbst gegeben habe in früheren Jahren, wenn ich zur Buchmesse pilgerte wie ein gläubiger Moslem nach Mekka, in der durch nichts gerechtfertigten Überzeugung, einmal ein Werk von mir in diesen heiligen Hallen zu finden.

Nun ist es soweit.

»Die unverbesserliche Miß Lucie« erwartet mich, wenn auch nicht größer als die Stecknadel im Heuhaufen, egal. Ich habe ein Buch auf dieser Messe, und deshalb muß ich hin.

Der Termin paßt schlecht, denn die Äpfel müssen gepflückt werden, der erste Frost droht, eines der Ponys hat eine Wunde am Bein, jemand hat die Telefonschnur durchgekaut – ich tippe auf Torro, aber es kann auch ein anderer gewesen sein –, und der Mann von der Post war noch nicht da, um eine neue anzubringen, die dritte, wenn man genau nachrechnet.

Die erste opferten wir einem Hasen namens Müffi, der seine Ferien bei uns zu verbringen pflegte und so widerstandsfähig war, selbst das Waschmaschinenkabel zu überleben, das er mühelos zernagte.

Die zweite ruinierte Miß Lucies Tochter Zaza auf besonders unbotmäßige Weise, indem sie den vom Schreibtisch herabhängenden Teil der Schnur stets und ständig einnäßte, vermutlich über Jahre, bis eines Tages die Leitung tot war, durchgelaugt sozusagen.

Diesmal ist auf den ersten Blick nichts zu sehen, aber wenn man sie biegt, erkennt man etliche brüchige Stellen, und natürlich gibt der Hörer keinen Ton mehr von sich.

Schon ein Bruchteil all dieser widrigen Umstände hielte mich von jeder anderen Reise ab, nur nicht von dieser.

Die Kinder zeigen sich, wenn auch nicht begeistert, so doch verständnisvoll.

Jedes von ihnen wird sein Bestes geben, sie sind ja keine drei Jahre mehr alt.

Ich wähle die von Speed vor einer Ewigkeit parfümierte Tasche als die praktischste und handlichste von allen Gepäckstücken. Es ist ja wohl nicht anzunehmen, daß sie noch nach mehreren Jahren seinen Geruchsstempel trägt.

Ich packe die paar Sachen hinein, die ich für zweieinhalb Tage brauche, lege mich schlafen und stehe früh am nächsten Morgen wieder auf, füttere die Tiere, trinke im Stehen einen Kaffee, behalte die Uhr im Auge, hätschle Miß Lucie zum Abschied und gebe die letzten sie betreffenden Regieanweisungen an die verschlafen herumstehenden Kinder.

Das Sandkästchen zweimal täglich frisch einstreuen. Immer ein wenig Grünzeug ins Futter. Keine Milch, nur Wasser. Dafür sorgen, daß Speed und Jüli sie nicht

belästigen. Und keinesfalls Miß Lucie hinauslassen. Zweieinhalb Tage sind keine Ewigkeit.
»Noch was?« fragt Simon ironisch.
»Nein«, sage ich trocken, »das wär's«, greife mir die Reisetasche und lasse sie entsetzt wieder fallen.
Ungeachtet dessen, daß ich in wenigen Minuten das Haus verlassen muß, es sei denn, ich laufe Gefahr, den Zug zu verpassen, packe ich mit fliegenden Händen meine Habseligkeiten wieder aus und werfe sie in den Wäschekorb.
Die Tasche und alles, was mit ihr in Berührung kommt, ist und bleibt eine Beleidigung für jede Nase.
»Na wenn schon«, lästert Simon, »als Autorin eines Katzenbuchs kannst du dir das doch leisten!«
»Niemand kann sich einen solchen Geruch leisten«, verweise ich ihn und verlasse endlich in letzter Minute das Haus für zweieinhalb anregende Tage.
Ich treffe in Frankfurt gute alte Freunde und neue, interessante Menschen, esse italienisch, griechisch und deutsch, sehe – Höhepunkt meines Schaffens – »Die unverbesserliche Miß Lucie« in zweiter Auflage auf dem Messestand und verspreche jedem, der mich höflich darum bittet, eine Fortsetzung der Geschichte. Zu Hause anzurufen erübrigt sich im Hinblick auf die perforierte Schnur.
Zweieinhalb Tage lebe ich in Saus und Braus und büße sie, heimkommend, auf der Stelle wieder ab.
Miß Lucie ist verschwunden.
Niemand hat sie hinausgelassen, auf Ehrenwort. Es kann nur der Mann von der Post gewesen sein, als er die neue Schnur installierte.
Himmeldonnerwetternochmal!

Kann man sich denn auf nichts verlassen!
Früher, als wir gelegentlich im Sommer an die See fuhren, hat sich Miß Lucie jedesmal davongemacht. Alle andern Tiere akzeptierten ohne weiteres die Oma, die sie an meiner Stelle betreute, nur Miß Lucie nicht.
Sobald die Koffer aus dem Haus getragen wurden und ich ins Auto stieg, entschwand Miß Lucie, um erst wieder in Erscheinung zu treten, sobald ich zurück war, mich ein paarmal im Hauseingang gezeigt und laut genug gerufen hatte.
Jeder Urlaubsaufenthalt ist mir auf diese Weise getrübt worden, und bis heute denke ich bei jedem Telefonautomaten an die beklommenen Anrufe, die ich von den Nordseeinseln aus tätigte, nur um zu hören, daß Miß Lucie nach wie vor abgängig sei.
Sie selbst hat jeden dieser Urlaube bei bester Gesundheit überstanden und sah nicht einmal mitgenommen oder abgezehrt aus, wenn sie aus dem Nichts wieder auftauchte.
Aber damals war sie auch bedeutend jünger und selbständiger. Außerdem war es immer im Hochsommer gewesen.
Jetzt dagegen ist sie zehn Jahre alt, behäbig, an Selbstversorgung nicht mehr gewöhnt; dazu, was mich schaudern läßt: es ist Oktober.
Der Mond steht voll und rund und kalt am Himmel. Das Barometer steigt. Frost liegt in der Luft.
Die letzten Blumen in den Kästen vorm Fenster sind bereits erstarrt.
Gemeinsam suchen wir die Umgebung ab, rufen, locken, gurren wie Tauben, flüstern und versuchen uns in langgezogenen Miau-Tönen.

Wer uns sieht und hört, muß uns für übergeschnappt halten, aber das ist mir egal. Wieviel Straßen bin ich in meinem Leben schon entlanggeschlichen, wie viele fremde Höfe und Gärten habe ich abgeklappert, wie viele Leute habe ich gefragt auf der verzweifelten Suche nach einer Katze, die mir abhanden gekommen ist.
Vornehmlich Miß Lucie.
Es scheint mein Schicksal zu sein.
Wir finden sie nicht.
Meine Stimmung sinkt unter den Nullpunkt.
Die Ungewißheit legt sich wie Mehltau auf mein Gemüt.
Getrennt, verstohlen, ohne uns gegenseitig davon zu erzählen, suchen wir die Straßengräben ab vor lauter Angst, Miß Lucie sei überfahren und beiseite geschleudert worden.
Keiner von uns findet eine solche Spur – Gott sei Dank –, aber keiner bekommt einen brauchbaren Hinweis auf ihren Verbleib.
Auf dem Weg hinunter in die Stadt, auf eine Entfernung von etwa fünfzig Meter sehe ich eine schwarz-weiße Katze auf einem Balkonsims sitzen.
Friederike, die mich begleitet, bestätigt mir, daß es keine Fata Morgana ist. Wir zählen zweimal die Rückseiten der Häuser ab, um an der betreffenden Vorderseite auch ja den richtigen Eingang zu finden.
Viel Hoffnung habe ich nicht, aber man muß auch den kleinsten Fingerzeig beachten, wenn man ein verlorengegangenes Tier sucht.
Der Strohhalm, an den wir uns klammern, bricht wenige Minuten später bereits zusammen, als auf unser Klingeln an der abgezählten Haustür eine Frau öffnet, gefolgt von einer rundköpfigen, beleibten Katze, in Alter und Format

Miß Lucie vergleichbar. Aber damit hört die Ähnlichkeit auch schon auf.
Auch dieser hier ist eine Menge Weiß zu eigen, aber sie trägt ein ungleich längeres graues Mäntelchen.
Ich schlafe jede Nacht ebenerdig bei geöffnetem Fenster in der Hoffnung ein, mitten in der Nacht aufzuwachen von dem Plumps, mit dem Miß Lucie heimkehrend auf meiner Decke landet.
Aber die einzigen, die allnächtlich begeistert aus- und einsteigen, sich um einen Bettplatz balgen und mit spitzen Krallen den Bezug zerzupfen, sind Speed und Jüli. Die Nacht, so lassen sie mich wissen, sei keineswegs zum Schlafen da. Woraufhin ich das Fenster schließe und nur noch im Halbschlaf liege, um Miß Lucie, wenn sie endlich den Weg nach Hause gefunden hat, unverzüglich einlassen zu können, ihr Klopfen nicht zu überhören, ihren Schatten nicht zu übersehen.
Jeden Morgen wache ich wie zerschlagen auf.
Die Tage vergehen, acht, neun, zehn.
»So lange war sie noch nie fort«, höre ich die Kinder sorgenvoll unter sich raunen. Ich gehe nicht weiter darauf ein. Niemand weiß besser als ich, daß dies noch nie dagewesen ist.
Wie eine Ironie des Schicksals erscheint mir ein Schreiben des Verlags mit der Bitte, den beiliegenden Vertrag zu unterschreiben zum nächsten Titel »Neue Geschichten von Miß Lucie«.
»Es wird keine neuen Geschichten geben«, ist alles, was ich deprimiert dazu bemerke, und die Kinder schweigen bedrückt. Selbst Tessie fällt kein optimistisches Sprüchlein mehr ein.
Der Sonntagmorgen zieht nebelig kalt herauf.

Torro gibt vor, dringend hinauszumüssen. Ich tue ihm den Gefallen, die Tür zu öffnen, und sehe ihn davonhetzen, kaum daß er die Füße vors Haus gesetzt hat. Minuten später ertönt erbittertes Hundegebell auf der oberen Wiese. Jemand ist ihm offenbar in die Quere gekommen. Friederike, Trainingshosen und Parka über den Schlafanzug ziehend, taumelt verschlafen die Treppe herunter. Ich folge ihr hinaus, ein paar Schritte bergauf und sehe oben auf dem Hügel eine ganze Hundemeute sich balgen und ineinander verbeißen.

Einer der kleinsten, aber engagiertesten Kämpfer ist Torro. Die anderen stehen ihm jedoch keineswegs nach an Größenwahn und Todesmut, wobei sie ihm, wie gesagt, an Größe und Gewicht deutlich über sind.

Friederike stampft entschlossen in die Arena.

Ich rufe mich heiser, erst nach dem Hund, der offenbar überhaupt keine Ohren hat, dann nach meiner Tochter, die sich wohl als Friedensengel behaupten will. »Sie ist verrückt«, brüllt Simon aus dem oberen Fenster und gürtet sich fahrig die Jeans zu, »ohne Wasserschlauch und gehörigen Druck drauf hat man da überhaupt keine Chance!«

Minutenlang taucht Friederike völlig unter in dem Knäuel, dann sehe ich sie wieder hochkommen, sich mit Torro abplagend, der, noch auf den Hinterbeinen balancierend, einen Halt sucht, um zu bleiben und nichts zu versäumen. Am Halsband weggezerrt zu werden ist wahrscheinlich eine furchtbare Schmach für ihn. Sieg oder K. o. scheint das Gebot der Stunde.

Aber Friederike ist wohl entschlossen, es nicht soweit kommen zu lassen.

Noch bevor Simon ihr zu Hilfe eilen kann, hat sie den

keuchenden Torro aus dem Gewühl gezogen und führt ihn dicht bei Fuß über die Wiese herunter. Von ihrem rechten Handgelenk tropft Blut. Mechanisch schlage ich das Wochenblatt auf und suche die Spalte mit den ärztlichen Sonntagsdiensten.
Die Wunde können wir sicherlich allein versorgen, nicht jedoch die Tetanusschutzimpfung.
Friederike rechnet bereits damit, gespritzt zu werden.
Während sie sich wäscht und anzieht, rufe ich den Sonntagsarzt an. Er heißt Wollweber und verspricht, in einer Viertelstunde in seiner Praxis zu sein.
Das gibt uns viel Zeit zum Überlegen. Die Praxis ist im Tal, wir wohnen auf dem Berg.
»Beeil dich«, sage ich zu Friederike, »es ist Sonntag morgen. Der Mann wird anschließend frühstücken wollen.«
Im Hinausgehen sehen wir, daß sich die Meute zerstreut. Die zu den Hunden gehörenden Herren sind auf der Bildfläche erschienen.
Einer hat sich einen Stock geschnitten, nicht von ungefähr, wie es aussieht.
»Das könnte ich nie«, sagt Friederike kopfschüttelnd, »mit dem Stock draufschlagen. Nicht mal, wenn es die einzige Möglichkeit wäre.«
Drüben auf dem besonnten Plattenweg vor der Jugendherberge läßt die schöne Kessi ihr rotbraunes Fell erglänzen. Sie ist ein vernünftiges Mädchen, das sich grundsätzlich nie auf Auseinandersetzungen einläßt, mögen sich die Trottel prügeln, soviel sie wollen.
Gerade wird der letzte Kämpe ins Auto seines Herrn gelotst. Türen knallen zu, ein Motor heult auf, und im nächsten Moment ist Friederike fast unter den Rädern.

»Miß Lucie!« ruft sie und will sich auf die Fahrbahn werfen. »Sieh mal, Mama, da drüben!«
Ich schnappe sie an der Kapuze ihres Anoraks, bis der Wagen an uns vorbei in die nächste Kurve gebraust ist. Friederike hat die Hände gefaltet zum Stoßgebet und die Augen geschlossen für den Fall, daß es nicht erhört wird.
»Ist sie noch da?« flüstert Friederike.
Ich schicke einen argusäugigen Blick über die leere Straße, sehe einen Erdhügel, der sich ausnimmt wie der Eingang zu einer Höhle, und davor, sichtlich fröstelnd und mißvergnügt, meine Katze Miß Lucie. »Mach die Augen wieder auf«, sage ich zu Friederike, »sie sitzt tatsächlich da drüben.«
Vorsichtig, langsam, mit gebremstem Schritt, herzklopfend, erst die Straße, dann Miß Lucie prüfend, die bereits Miene macht, zu verschwinden, nähern wir uns ihr. Kein Schrei des Entzückens kommt über unsere Lippen, keine hastige Bewegung leisten wir uns. Gurrend wie Tauben, kehlige Beruhigungslaute murmelnd, pirschen wir uns an.
Es ist tatsächlich eine kleine Höhle, die sie da bewohnt, ein unbehagliches, mit leeren Cola-Dosen und Grasbüscheln schauerlich eingerichtetes dunkles Loch.
»Miß Lucie«, sage ich erschüttert.
Sie blickt zu mir auf, ungläubig, vorwurfsvoll, abweisend, gleitet hinein in die triste Ungemütlichkeit, kommt wieder heraus, schreit mich klagend an und setzt sich wieder hin.
»Sie will nicht mit nach Hause«, stößt Friederike betroffen hervor.
»Sie muß«, entscheide ich, »und zwar jetzt, sofort. Lauf

und hol Simon, er soll sie heimtragen. Wir müssen ja zum Arzt, mein Gott, die Viertelstunde ist längst vorbei!« Friederike überquert die Straße und rennt mit fliegender Kapuze nach Hause. Es ist nicht weit. Höchstens dreißig Meter. Ich hocke mich neben Miß Lucie auf den kalten Boden und streiche ihr übers struppig gewordene Fell.
Die ganze Zeit hat sie also hier gehaust, in Rufweite, fast in Sichtweite, und wir haben im Umkreis von ein paar Kilometern Wald und Wiesen, sämtliche Straßen und Gärten nach ihr abgesucht. Sind täglich an ihr und ihrem Versteck vorbeigegangen, haben an sie gedacht, uns um sie gesorgt und sie nicht entdeckt.
Ist es zu fassen?
»Warum hast du mir das angetan?« frage ich sie.
Miß Lucie betastet die Grasbüschel und die verrosteten Dosen, als seien es eigens zusammengetragene Schätze. Was hat sie hier gewollt? Sich ein Nest bauen? In dieser Unwirtlichkeit? Ausgerechnet Miß Lucie, die nichts so sehr liebt wie weiche Kissen, warme Plätze, geregelte Mahlzeiten!
Ich verstehe es nicht.
Die Kinder kommen über die Straße.
Ich hebe Miß Lucie auf, die sich der Form halber wehrt, aber nicht sehr. Simon übernimmt sie und schwört, er werde sie nicht aus den Armen und nicht aus den Augen lassen, bis ich wieder da bin.
Ein paar Minuten, bis ich ihn mit seiner schwarz-weißen Last im Haus verschwinden sehe, warte ich. Dann laufen wir wie gejagt den Berg hinunter.
In seiner Praxis marschiert der Arzt, die Arme auf dem Rücken verschränkt, auf und ab. Die Wunde an Friederikes Handgelenk ist tiefer, als wir angenommen haben,

und muß gereinigt und desinfiziert werden. Außerdem kriegt sie die Tetanusinjektion. »Noch länger«, sagt er, einen Zettel ausfüllend, »hätte ich nicht gewartet. Schließlich waren wir fest verabredet. Ich habe hier eine ganze Liste mit Hausbesuchen, die ich noch machen muß.«
Ich versuche, die Sache mit Miß Lucie zu erklären, die uns aufgehalten hat. Er hebt den Blick vom Zettel, runzelt angestrengt die Stirn, läßt die Mine des Kugelschreibers auf und ab schnappen und kann mir offenbar nicht ganz folgen.
»Es hat sich doch aber um eine Hundebalgerei gehandelt? Wie kommt plötzlich eine Katze ins Spiel?«
Wir setzen gleichzeitig zu einer Erklärung an, Friederike und ich, was die Sache für den Arzt nicht durchschaubarer macht. Entweder hält er uns für verlogen oder für geistig verwirrt.
Aber das soll mich nicht kümmern. Alles, was ich will, ist: nach Hause gehen, Miß Lucie füttern, sie auf mögliche Verletzungen hin untersuchen und wieder mal nach langer Zeit eine Nacht ruhig schlafen.
Und dann wüßte ich noch gern, was an diesem Erdloch so anziehend war, daß meine verwöhnte Katze in ihrem elften Jahr es freiwillig mit den Annehmlichkeiten unserer Wohnstatt tauschte.
»Ganz einfach«, erklärt Simon, »sie hat Survival geübt, nur so, für den Fall eines Falles. Das tun jetzt viele.«
»Was?« Ich scheine nicht auf dem laufenden zu sein, wie so oft. »Was hat sie geübt?«
»Überlebenstraining«, unterweist mich Simon, »ich habe auch schon dran gedacht.«
»In einem Erdloch zu hausen mit ein paar rostigen Dosen als Möblierung?« Ich kann es kaum glauben.

Simon lacht amüsiert und nachsichtig. »Ein bißchen anders würde ich es schon anfangen!«
»Sag mir Bescheid, wenn es soweit ist«, bitte ich, »das Schlimmste ist die Ungewißheit.«
Miß Lucie, die ihre kleine Freßorgie beendet hat, kommt unaufgefordert herüber und läßt ihren Kopf unter meiner herabhängenden Hand kreisen.
Es sieht fast so aus, als bäte sie mir etwas ab.

Miß Lucie und der Jagdherr

Friederike soll zum Frisör.
»Laß dir einen Rundschnitt machen«, rät Tessie zum soundsovielten Mal, drückt Friederike auf einen Stuhl und wühlt ihr im dichten blonden Haarschopf, »erst mal muß das alles gekürzt werden und dann rundum geschnitten – soooo – und nach innen geföhnt – soooo . . .«
»Furchtbar!« stöhnt Friederike.
»Grauenhaft«, springt ihr Simon bei, »brauchst dir nur noch was Samtenes anzuziehen und einen Spitzenkragen drüber, dann siehst du aus wie der blöde kleine Lord Fountleroy.«
»Genau!« wimmert Friederike und schlägt die Hände vors Gesicht.
»Mit euch kann man nicht reden«, sagt Tessie enttäuscht und läßt ungern vom eingestandenermaßen viel zu langen, viel zu dicken, viel zu lockigen Haar meiner Tochter ab, »was willst du denn überhaupt beim Frisör, wenn er praktisch nichts machen darf?«
»So ist's ja auch wieder nicht«, wehrt sich Friederike, »die Spitzen lasse ich mir auf jeden Fall abnehmen, und vielleicht sogar hier ein Stückchen . . .«
Damit zupft sie sich die Ponyfransen in die Länge, so daß man ausnahmsweise sieht, wieweit sie inzwischen reichen; bis zur Nasenspitze, stelle ich schockiert fest.
Gott sei Dank, schnurrten sie wieder zurück, kraus, wie sie sind. Aber man fragt sich doch gelegentlich, wie

undurchdringlich der Schleier werden muß, um Friederikes Sicht vollends zu trüben.
»Ich sehe ganz hervorragend«, behauptet sie stets steif und fest, »und eure Lästereien brauch' ich mir nicht gefallen zu lassen.«
Ich weiß nicht, woran es liegt, wahrscheinlich an den großen Vorbildern in den Medien, jedenfalls trugen acht von zehn kleinen Mädchen, die ich kannte, jahrelang Stirnfransen bis über die Nase, Cloques, in denen sie sich zwangsläufig irgendwann die Knöchel brechen mußten, und Jeans, die so eng waren, daß weder der Magen noch der Blutkreislauf darunter funktionieren konnten.
Gegen die Cloques habe ich Front gemacht, schon allein im Hinblick auf die Schulbusstufen, die ohnehin mein Trauma waren.
Im Kampf gegen die engformatigen Jeans kam mir Simon zu Hilfe, der ungehinderte Bewegungsfreiheit immer schon höher eingeschätzt hat als modische Gags. Nur in die Frisurengestaltung habe ich mich nie eingemischt.
Diesen Freiraum, wenn schon die andern wegfallen, braucht ein Kind, sage ich mir, auch wenn ich manchmal meinerseits zu zwinkern und mir die Augen zu reiben beginne, wenn ich Friederike beim Schreiben oder Stricken zusehe.
Ich bin eben nicht im Zeitalter der Fransen großgeworden.
Uns wurden die Haare zu einer Tolle auf dem Kopf zusammengefaßt, Hahnenkamm genannt, und mit Hilfe eines Kämmchens so festgesteckt, daß empfindliche Naturen sich skalpiert fühlten. Auch den weniger zart besaiteten wurde im Lauf der Jahre die Kopfhaut wundgescheuert und juckte ununterbrochen. Aber eine andere

modische Alternative als einen höchst langweiligen Seitenscheitel gab es nicht, und so wickelten wir uns denn die Haare ums Kämmchen und schürften uns damit grindig, in Gottes Namen.
Es war uns eben ein Bedürfnis.
Friederike darf daher ihr Haar tragen, so lang, so dicht, so pflegeschwer, wie sie es möchte.
Im Augenblick hat sie den Gedanken an den Frisör wieder aufgegeben, schon aus Gründen der Opposition.
Sie ruft ihren Hund, der begeistert aus dem Tiefschlaf in Aktion springt, und führt ihn hinaus.
Torro apportiert mit wahrer Leidenschaft. Man werfe ahnungslos etwas von sich, ein Unkraut oder einen unreifen Apfel, er jagt hinterher, klaubt es auf und bringt es pflichtbesessen zurück.
Die Kinder hatten Frisbee-Scheiben, die längst aus dem Verkehr gezogen worden waren, zerkaut, zerklüftet, durchlöchert von Torros guten Zähnen.
Vor lauter Übereifer fraß er sie halb auf, was ihm, da die Scheiben aus Plastikmaterial bestanden, auf die Dauer bestimmt nicht bekommen wäre.
Also werfen wir ihm Stöckchen, die immer wieder neu abgebrochen, abgeschnitten oder aufgelesen werden müssen. Was er nicht frißt, das verschleppt er nach dem Spiel.
Aber da ist kein Problem, denn es liegen genügend Hölzer herum.
Was sich Friederike soeben greift, ist ein altes Stuhlbein, rund gedrechselt, das sich so gut schleudern läßt wie eine Keule.
Ich setze Wasser auf für Spaghetti, die zusammen mit Tomatensoße immer noch das beliebteste Gericht meiner

Kinder sind, und das seit fünfzehn Jahren. Simon läßt sich derweil auf einem Küchenstuhl nieder und beugt sich vor, um den klaffenden Spalt am Sohlenrand seiner fast neuen Gummistiefel empört zu betrachten, und das ist sein Glück, wenn nicht gar seine Rettung, denn in diesem Augenblick zerbirst die Küchenfensterscheibe, und ein Holzprügel landet mit gehörigem Schwung neben Simons Stuhl.
»Du bist wohl wahnsinnig geworden«, ächzt mein Sohn, ans Fenster stürzend, während ich immer noch wie angenagelt stehe, die Spaghettipackung in der Hand, starr wie Lots Weib in der Schrift, da es sich nach Jericho umwandte.
Draußen steht Friederike, ebenso starr, und stiert kreideweiß mit schreckgeweiteten Augen in das Loch, das die Keule geschlagen hat.
»Ich wollte Torro doch bloß ein Stöckchen werfen«, stammelt sie. »Wie ist denn das da passiert?«
»Du wirst in die falsche Richtung geworfen haben«, mutmaße ich, allmählich wieder zum Leben erwachend.
»Ach was, sie sieht ja überhaupt nichts mehr mit dem Vorhang vor den Augen«, giftet Simon. »Hier, das war mal eine Scheibe, ja?« Er zeigt auf die bizarren Zacken. »Erkennst du das? Na denk mal! Und das hier . . .«, er beugt sich nach dem Stuhlbein, »ist das kleine Stöckchen für den kleinen Torro! Kannst du das alles sehen? Wirklich? Na, das wundert mich aber!«
Friederike wirft den Kopf zurück und bricht in Tränen aus.
Tessie, praktisch wie sie nun einmal ist, mißt bereits ein Stück Pappe ab, das, mit Tesafilm befestigt, den gröbsten Luftzug abhalten soll.

»Wenn man sich aussuchen könnte, wann einem so was passiert, würde ich vorschlagen im Hochsommer«, meint sie, und bevor ich das Branchenverzeichnis befrage, weiß ich schon, daß ein Glaser im Umkreis von zwanzig Kilometern nicht zu finden sein wird – ja, selbst der im Buch geführte entweder schon tot oder zu alt ist oder Betriebsferien hat.
»Wetten?« seufzte ich in die beklommene Runde. Aber niemand hält dagegen. Vom Telefonbuch aufblickend, sehe ich durch den Rest der Scheibe Miß Lucie leichtfüßig durchs spröde, spätherbstbraune Gras hüpfen.
»Nein!« rufe ich, eingedenk des gerade erst überstandenen Debakels, obwohl sie nicht den Weg zum Erdloch, sondern den zum Weiher eingeschlagen hat.
»Aber du kannst sie doch daraufhin nicht bis an ihr Lebensende einsperren«, gibt Simon zu bedenken.
Ich höre ihm gar nicht zu. Die Schürze abwerfend, mich in eine Strickjacke hüllend, laufe ich hinter Miß Lucie her, die bereits Scheune und Rohbau hinter sich gelassen hat und gerade unterm Gatter der Ponykoppel durchschlüpfen will.
Zum zweiten Mal an diesem Tag erstarrte ich zur Salzsäule.
Da schießt doch jemand!
Ist es die Möglichkeit?
Miß Lucie, nur noch zwei Schritte vor mir, hat sich geduckt und den Kopf eingezogen. Ich lausche und denke nach.
Die Jagd ist eröffnet, wie immer um diese dem heiligen Hubertus gewidmete Jahreszeit. Aber man wird mich wohl kaum für ein Reh halten, oder?
Habe ich mich vielleicht verhört? Kann man sich über-

haupt so irren? Der nächste Schuß belehrt mich eines anderen.
»Aufhören!« rufe ich wild und fuchtele mit beiden Händen durch die Luft. »Wer sind Sie überhaupt, und was denken Sie sich?«
»Ich«, antwortet aus dem höher gelegenen Dickicht die Stimme eines Menschen, der sich mehr dünkt als andere, »bin hier der Jagdherr!«
Na und?
Darf er deswegen meine Ponys scheuchen, meine Katze anvisieren und mich bedrohen? Denn genau das tat er, aus dem Unterholz tretend.
»Und was jagen Sie hier so nah an Haus und Hof?«
»Kaninchen«, sagt er und läßt die Flinte nur millimeterweit sinken.
»Das ist verboten«, wage ich zu behaupten. Er knurrt Unverständliches.
Miß Lucie, mit breit angelegten Ohren, hat sich aufgeblasen wie ein Ochsenfrosch. Ich mache entschieden einen Schritt vorwärts und hebe sie auf.
»Katzen«, belehrt mich der Feind im flaschengrünen Waidmannslook, »sind notorische Wilderer und dürfen geschossen werden.«
»Nicht im Umkreis von fünfzig Metern ums Gebäude!«
Das weiß ich. Das habe ich auswendig gelernt, seitdem auf diese Art die zähe alte Pussi und so manche ihrer Nachfahren ein Ende gefunden haben.
Aber Miß Lucie bringt er mir nicht um die Ecke. Es sei denn, er schafft auch mich aus dem Weg.
Finster genug blickt er drein, bei Gott! Zwei Helfershelfer, Jagdgäste vermutlich, stampfen rechts und links aus dem Gebüsch herbei.

Miß Lucie zu sehen verschafft ihnen ein sichtliches Aha-Erlebnis.
Sie umzingeln uns, als wären sie ein Spähtrupp, der ein Partisanennest aushebt. Vom Hause her höre ich Simon laut nach mir rufen.
»Hol die Polizei, Junge«, rufe ich zurück, »hier ballern welche ganz unkontrolliert herum!«
»Mach ich!« lautet Simons prompte Antwort.
»Sie sind ja wohl nicht ganz gescheit«, ereiferte sich der Jagdherr.
»Hysterisch, die Frau«, grollt der Grüne zu seiner Rechten.
Dann schütteln sie die Köpfe, lachen verächtlich vor sich hin, drehen sich um und traben schwerfällig, mit schleifenden Schritten davon.
»Helden«, sage ich zu Miß Lucie, die erst langsam wieder die Krallen aus den Maschen der Strickjacke löst. Aber sie läßt sich ohne Widerstreben ins Haus tragen.
»Sag mal, war das dein Ernst eben mit der Polizei?« fragt Simon.

»Aber sicher. Ich habe mich bedroht gefühlt.«
»Echt?« forscht er interessiert.
»Ja doch! Ich habe in einen Gewehrlauf geblickt! Nicht mal im Krieg ist mir so was passiert!«
»Wo sind die Typen jetzt?«
»Gegangen natürlich.«
»Ist das nicht ein lauschiges Plätzchen hier«, seufzt Tessie und läßt die Augen rollen, »so ruhig, so verwunschen, so recht die stille Klause, in der sich's ungestört fabulieren läßt! Der Traum eines jeden schöpferischen Menschen!«
»In der Tat«, erwidere ich resigniert, »jedes Bürohochhaus bietet mehr Abgeschiedenheit und Arbeitsruhe. Wo war ich vorhin stehengeblieben?«
»Bei G wie Glaser«, erläuterte Simon, »aber den habe ich inzwischen schon erreicht.«
»Phantastisch! Und jetzt noch V.«
»V?« wiederholt Friederike fragend.
»Für Frisör«, unkt Simon.
»Mama, sag ihm, er soll mich in Ruhe lassen«, jammert seine Schwester.
»V für Versicherung«, erkläre ich, Miß Lucie endlich absetzend, »damit wir die Scheibe ersetzt kriegen.«
»Setzt euch bitte«, befiehlt Tessie, »während ihr schwatzt, habe ich gekocht. Nein, Miß Lucie . . .«, sie wedelt energisch mit dem Küchenhandtuch. »Geh weg da!«
Aber Miß Lucie läßt sich so leicht nicht vertreiben, wenn es Tomatensoße gibt. Ihr Lieblingsgewürz ist Oregano. Das hat sie mit den Kindern gemeinsam. Und warum auch sollte sie nichts davon bekommen?
Im kühlen Luftzug, der uns durch die angeklebte Pappe

trifft, erörtere ich mit den Kindern das Thema Katze im Hinblick auf ihr existentielles Verhalten.

Geht sie hinaus und ernährt sich selbst, nennt man sie einen ruchlosen Räuber. Bleibt sie zu Hause und wartet brav auf Tomatensoße, Hühnerbrühe und Thunfisch, heißt man sie ein nutzloses Faultier.

»Ich weiß nicht«, sinniere ich, die Spaghetti mit Hilfe eines Löffels um die Gabel rollend, »wie eine Katze beschaffen sein soll, die es allen Menschen recht macht.«

»Doch«, sagt Friederike, den Stirnvorhang lüftend und die Augen blau aufschlagend, »ich hab' mal eine gesehen. In einem Schaufenster.«

»Von einer Tierhandlung?« fragt Simon.

»Nein. Von einem Antiquitätengeschäft. Sie war aus Porzellan.«

»Haaaa«, grunzt Simon grimmig und stemmt die Gabel auf.

»Daneben standen Kinder«, fährt Friederike um eine Nuance lauter fort, »die hielten sich lieb bei den Händen, ein Junge und ein Mädchen, angezogen wie Zwillinge mit Matrosenzeug . . .«

»Hier«, unterbricht Simon und tippt sich mit dem Gabelstiel an die Schläfe, »erzähl das einem, der sich Hosen mit der Beißzange anzieht!«

»Die waren auch aus Porzellan«, schließt Friederike gemächlich.

Sekundenlang sind wir alle still.

Dann fängt Tessie an zu lachen, und wir alle lachen mit, am lautesten Torro.

Miß Lucie mustert uns streng von der Fensterbank her. Sie hat nichts übrig für geräuschvolle Heiterkeitsausbrüche.

Miß Lucie und das Wespennest

Miß Lucies erste Begegnung mit einer Wespe fand in der Großstadt statt, in der sie geboren wurde.
Im handtuchschmalen Stück Garten hinterm Reihenhaus bildete ein kräftiger Cotoneasterbusch den Lieblingstreffpunkt aller anwohnenden Bienen und Wespen.
Dummerweise erkor sich auch Miß Lucie die wie ein Schirm ausgespannten Zweige als Unterstand.
Im Mai geboren, tummelte sie sich im August bereits munter im Garten, beaufsichtigt in der Regel von ihrer tüchtigen jungen Mutter. Gelegentlich wurde auch eine Nurse angeheuert, nämlich ich; und in meine Aufsichtspflicht fiel Miß Lucies erste Begegnung mit der Wespe.
Ich hängte gerade Wäsche auf und sah zwischen zwei Bettlaken hindurch Miß Lucie sich vergnügt überkugeln, wieder auf die Füße kommen, verblüfft um sich blicken und das Ding, das sie gerade gefangen zu haben glaubte, vor ihrer Nase herumschweben. Eine zierliche kleine Pfote hebend, versuchte sie es erstmals zu erhaschen, traf es, ließ es ins Gras trudeln und setzte mit der Pose des Siegers die Pfote darauf.
All dies wurde begleitet von meinem aufgeregten Schschsch-nein-laß-das-sein-Geschrei.
Es dauerte nur eine Minute, in der ich mich zwischen den nassen Bettlaken hindurcharbeitete, vorwärtsstürzte und das gefährliche Spielzeug mit dem Absatz zermalmte.
Miß Lucie saß im Gras und betrachtete nachdenklich ihre

Pfote, genauer gesagt ihre rechte Vorderpfote, die sich in nichts von der linken unterschied. Noch nicht. Am frühen Nachmittag glich sie einer Walnuß, am späten Nachmittag einem Pingpongball. Aber da saßen wir bereits im Wartezimmer des Tierarztes, desjenigen, der ihr später das Hemd verpaßte.

»Sie ist gestochen worden«, sagte er und hieß mich die Hand um Miß Lucies Hals legen, eine Methode, auf die er schwor, um eine Katze auf dem Behandlungstisch ruhig zu halten. Wenn ich mich richtig erinnere, war sie erfolgreich. Aber an die meisten Tierarztsitzungen erinnere ich mich nur verschwommen, weil ich so furchtbar litt.

Ich litt in erster Linie mit Miß Lucie, in zweiter litt ich an ihrer Angst, die ihr Übelkeit, Brechreiz und Durchfall verursachte, und last not least litt ich mit dem Taxifahrer, der uns beide mitsamt der Tragetasche die zehn Kilometer nach Hause fahren mußte.

Selbst wenn man alle vier Fenster herunterkurbelte und ich das eigens zu diesem Zweck mitgeführte Eau de Cologne sehr großzügig versprengte, konnte man verstehen, daß der Fahrer um das Verständnis seiner nächsten Fahrgäste bangte.

An diesem späten Sommernachmittag bekam Miß Lucie eine Spritze und ich die tröstliche Versicherung, sie werde sich künftig wahrscheinlich von Wespen, Bienen und anderen Summern und Brummern tunlichst fernhalten.

All dies fand Anfang der siebziger Jahre statt, und wieviel seitdem auch geschehen sein mag im großen Weltgeschäft wie in unserem häuslichen Mikrokosmos, Miß Lucie hat die Lektion nicht gelernt. Das heißt, sie hat sie auf ihre Weise umgedeutet.

Sie hält sich so weit und so nachdrücklich wie möglich von

Tierärzten fern, aber an Wespen, wenn man nicht aufpaßt, vergreift sie sich immer noch.

Der Waldhof hier entbehrt so mancher Plage, der ich anderorts kaum Herr werden konnte, zum Beispiel der Ameisen, die im Rhein-Main-Gebiet aus unseren Wänden zu krabbeln, in unseren Schränken zu wohnen und in der Spülmaschine zu baden pflegten.

Dafür gibt es hier allsommerlich eine Unzahl von Wespen und im frühen Herbst den hilflos herumhopsenden Nachwuchs einer picklig-narbig-grau-grün getarnten Mutterkröte.

Aber bis heute halte ich den aus unsichtbaren Quellen gespeisten Strom von Ameisen an meinen Wänden für die größte aller Naturprüfungen. All die interessanten Bücher und Berichte über Leben und Wesen dieser zweifellos bemerkenswerten Geschöpfe mitsamt ihrer beispiellosen Organisation, haben mich nicht für sie einnehmen können. Der Gedanke an Ameisenstraßen an den Wänden verursacht mir heute noch Unbehagen; der Massenmord, zu dem ich mich gezwungen sah, hat mich das kalte Grausen gelehrt, zumal ich immer befürchten mußte, daß ein anderer das ausgestreute Gift probierte, Miß Lucie zum Beispiel, die den Ameisen gegenüber übrigens vollkommen kühl, gelassen und uninteressiert blieb.

Auch die Krötenkinder kommen in unseren Räumen unbeschadet davon, sofern sie sich nicht selbst in eine ausweglose Situation manövrieren, zum Beispiel hinter die Küchenschränke, die ich nicht abrücken kann.

Wenn es ein Tier gibt, das ich nicht verstehe, dann ist es die Krötenmutter. Inzwischen weiß ja jeder halbwegs Gebildete, daß Kröten mit dem Fluch beladen sind, zu ihrem Geburtsort zurückkehren zu müssen, um wiederum zu gebären. Der Waldhof und sein Umfeld sind zweifellos seit Urzeiten zahllosen Krötengenerationen Heimat und Zielort gewesen. Aber gerade deshalb muß es sich doch unter ihnen herumgesprochen haben, daß ein Teil des Terrains unwirtlich geworden ist, eine Wüste sozusagen, vom Krötenstandpunkt aus gesehen. Der weitaus größere Teil jedoch besteht nach wie vor aus idealen Unterschlüpfen wie Mist- und Komposthaufen, schläfrigen Holzschuppen, unbenutztem, feuchtem Mauerwerk und modrigen Laubhügeln.

Warum also, frage ich mich, führt die Krötenmutter ihre Kinder nicht dorthin, statt sie vor unserer Haustür herumwimmeln, unter unseren Türritzen hindurchkriechen und hinter unseren Schränken elend zugrunde gehen zu lassen?

Ich weiß es nicht. Ich ahne es nicht einmal.

Aus Gründen, die ich ebensowenig erkenne, hat Miß Lucie nie nach einem der winzigen Hüpfer geangelt, wie irritierend sie ihr doch erscheinen müssen.

Miß Lucie hat es mit den Wespen, auch nach zehn Jahren noch.

Nicht allzu oft, weil mich die Unordnung allzu schmerzlich an alles gemahnt, was ich in meinem Leben beiseite gelegt, ohne mich dafür oder dagegen entschieden zu haben, gehe ich auf den Speicher.

Speed und Jüli, die manchmal dorthin verbannt werden, wenn sie unten allzu groben Unfug treiben, suchen ihn schon deswegen freiwillig nie auf.

Miß Lucie dagegen, der nur selten der Zutritt gewährt wird, reißt sich förmlich darum, mich auf den Speichergängen zu begleiten.

Während ich ein Fenster öffne, um Luft in die staubige Stille zu lassen, sucht sie sich einen Aufgang zum freiliegenden Deckenbalken. Ich sehe es mit gemischten Gefühlen, denn erfahrungsgemäß kommt sie zwar problemlos hinauf, nicht jedoch ohne großes Geschrei wieder herunter.
Indessen, sie ist schon oben, ich kann es nun einmal nicht ändern und kümmere mich um eine alte Badezimmerlampe, die endlich wegzuwerfen ich entschlossen bin, weil ausnahmsweise diese Woche noch Platz im Mülleimer ist.
In dem Krempel herumstochernd, finde ich weitere Kleinigkeiten, die man ebensogut mit hineinstopfen und vergessen kann, beispielsweise eine bis auf wenige Minibriefmarken und ein paar vergilbte Spielzahlkarten zusammengeschrumpfte Kinderpost sowie die Reste einer Puppenschaukel.
Miß Lucie über mir kratzt am Deckenbalken. Ich lasse den Blick aufwärts schweifen und bleibe an einem kunstvoll gestalteten Gebilde aus grau-weißem Material hängen, so rund und so groß wie eine Christbaumkugel.
Miß Lucie streckt sich wohlig und genießt zur Krallenpflege sichtlich das vergleichsweise harte Holz des Balkens.
Ich sichte derweil einen ausgelaugten Farbkasten in einem ausrangierten Schulranzen, enthaltend drei haarlose Pinsel und eine vertrocknete Tube Deckweiß.
Miß Lucie ist ein Stückchen weiter balanciert. Indem ich sie mahne, allmählich an den Rückweg zu denken, entdecke ich eine zweite grau-weiße Christbaumkugel und etwas weiter links eine dritte.
Sie klebt unmittelbar dort, wo Miß Lucie den Abstieg

beginnen wird, nämlich am äußersten Rand des Deckenbalkens.
Plötzlich erfaßt mich eine leichte Unruhe.
Was, um alles in der Welt, sind das für Gebilde? Wer hat sie hergestellt, und was beinhalten sie?
Eine Schrecksekunde später fällt es mir wie Schuppen von den Augen: Wespennester.
Lauter Wespennester da oben!
Miß Lucie muß sofort runter! Jeden Augenblick kann es zu spät sein.
»Nun mach schon«, dränge ich flüsternd, aber Miß Lucie versteht mich nicht.
Wozu die Eile? fragt ihr Blick, indem sie sich auf geschickten Pfoten weitertastet zur dritten kunstvoll geformten Gefahrenquelle.
Unmittelbar darunter steht ein Turm aus Kartons, den Miß Lucie stets als Abstieg benutzt.
Heute darf sie das keinesfalls tun. Denn die Chance, die Kugel dabei unberührt zu lassen, ist eins zu hundert.
In meiner Verzweiflung beginne ich, die Kartons abzubauen und ein Stück weiter rechts wieder aufzutürmen.
Miß Lucie sieht mir mit deutlichem Unverständnis zu.
Den Turm an dieser neuen Stelle, gibt sie mir zu erkennen, weigert sie sich zu benutzen.
»Niemals«, sagt ihr verächtlich abgewandtes Hinterteil.
Was soll ich tun?
Alle Kartons noch einmal bewegen, zurück, unter das Wespennest? Und was dann? Wird sie daraufspringen, dabei an die Kugel stoßen und ein Inferno entfesseln, das ich mir nicht vorzustellen wage?
Gott steh uns bei!
Eines der bewunderungswürdigen Bauwerke scheint

bereits welk und abgeblättert. Vielleicht ist es die bescheidene Hütte vom Vorjahr.
Aber da, wo Miß Lucie sich gerade zum Brüten niedergelassen hat, befindet sich offenbar die derzeitige Prunkvilla.
Auf dem Balken ruht Miß Lucies weißer Bauch. Unterm Balken hängt das Nest. Wie nur kann ich meine Katze zum Abstieg auf der anderen Seite bewegen? Vielleicht mit deutlicher Entschiedenheit?
Ich zwinge mich dazu, festen Schrittes zur Tür zu gehen und so arglos wie möglich nach ihr zu rufen.
Aber sie rührt sich nicht.
Dem Turm an der neuen Stelle traut sie nicht. Kein Zweifel, Miß Lucie fühlt sich verunsichert, um nicht zu sagen verschaukelt.
»Hallo!« höre ich eine fremde Stimme aus den Tiefen des Hauses. »Ist jemand da?«
Im ersten Moment verschlägt es mir die Stimme. Die Versuchung, überhaupt nicht zu antworten, ist groß.
Dann überwinde ich mich zu einem gedämpften »Ja, ja!«
Schritte auf der Treppe und zur offenen Speichertür herein.
»Tag«, sagt ein Mann und legt zwei Finger an die schwarze Tuchmütze, »ich will den Kamin kehren.«
Der Schornsteinfeger.
Großartig!
»Haben Sie eine Leiter?«
»Ja, unten . . .«
»Kann ich sie mal kurz ausleihen?«
»Wenn es sein muß – und wofür?«
»Um die Katze da oben runterzuholen.«

»Das darf ja wohl nicht wahr sein! Die ist schneller unten, als Sie auf der Leiter oben sind!«
»Wir wollen es nicht ausdiskutieren, bitte! Kriege ich die Leiter?«
Er dreht und wendet sich, schiebt das Mützchen vom Hinterkopf in die Stirn und wieder zurück und hält plötzlich in der Bewegung inne, um ungläubig nach oben zu blinzeln.
»Wissen Sie auch, was da hängt?«
»Allerdings.«
»Das sind Wespennester«, bringt er kurzatmig hervor, in einem Ton, der besagt, er sei der Entdecker.
Was denkt er, habe ich darin gesehen? Christbaumkugeln?
»Ausräuchern«, sagt der schwarze Mann lakonisch, »was anderes gibt's gar nicht.«
»Erst hole ich meine Katze herunter«, insistiere ich hartnäckig und sehe ihm an, daß er mich für verrückt hält.
Miß Lucie hat sich aufgeplustert wie eine Glucke. Ich fürchte um ihr Gleichgewicht.
Der Schornsteinfeger poltert wortlos die Treppe hinunter und kommt mit einer Leiter wieder herauf.
»Hier«, sagt er, »auf Ihre Verantwortung.«
Zehn Zentimeter neben der kleinen runden Bombe placieren wir die oberen Leitersprossen. Miß Lucie sieht uns mit wachsendem Mißtrauen dabei zu. Wie viele Wespen uns beobachten, wage ich mir nicht auszurechnen.
Vorsichtig, Fuß um Fuß, steige ich aufwärts, die Leiter schwingt sanft, ich starre krampfhaft auf Miß Lucie, die mich ungläubig kommen sieht, ihr Fell schüttelt, den Schwanz aufstellt und in eben dem Moment majestätisch davonschreitet, da ich sie greifen will. Ganz gezielt setzt

sie sich nach rechts ab, dorthin, wo ich ihr den Turm gebaut habe.
Ohne auch nur eine Sekunde zu zögern, springt sie auf den obersten Karton, hangelt sich an der Seite hinunter, streicht am Schornsteinfeger vorbei zur Tür hinaus.
Der Turm ist ins Wanken geraten.
»Los«, höre ich den Mann gehetzt rufen, »runter mit Ihnen! Aber dalli!«
Wir haben allen Grund zur Eile.
Die Wespen haben ihre vornehme Zurückhaltung aufgegeben. Bevor der ganze Schwarm über mich herfallen kann, knalle ich die Tür hinter mir zu und wanke die Treppe hinunter.
Unten im Flur steht bleich unter der schwarzen Schminke der Schornsteinfeger. Er jammert um seine Leiter.
Aber keiner von uns hat den Mut, sie zu holen.
Morgen, sagt er, käme er wieder. Schließlich hat er auch den Kamin noch nicht gekehrt.
Ich schließe, nachdem er weg ist, alle Türen und Fenster und sehe mit Schaudern, wie sich wütende Wespen von draußen gegen die Scheiben werfen.
Miß Lucie sieht es auch.
Aufgeregt läuft sie auf der Fensterbank hin und her, richtet sich an der Scheibe hoch und klopft empört dagegen.
Die Vorstellung, was alles hätte passieren können, macht mich noch im nachhinein schwach. Es dauert bis gegen Mittag. Dann erst hat sich der Schwarm beruhigt und verzogen.
Abends, im Schutz der Dunkelheit, in der, wie es heißt, die Wespen ihr Haus hüten und nicht mehr ausfliegen,

schleichen sich Simon und ich auf den Speicher, nehmen die Leiter ab und klemmen uns gleich auch die zum Wegwerfen bestimmten Sachen unter die Arme.
»Meine Kinderpost!« ruft Friederike beglückt, kaum daß wir wieder unten sind.
»Du meinst doch nicht die vergilbten Papierschnitzel?« erkundigt sich Simon ironisch.
»Haach, damit habe ich immer sooo gern gespielt!«
»Deshalb hast du sie wohl auch auf dem Speicher abgestellt, was?«
»Hab ich ja gar nicht! Nach dem letzten Hausputz waren ein paar Sachen einfach verschwunden!«
»Nun tut mir einen Gefallen und schmeißt den Kram weg«, sage ich, mir die Spinnweben aus den Haaren und den Staub aus den Augen wischend.
»Moment, Moment«, höre ich die Stimme meines Sohnes aufgerührt murmeln, »da ist doch mein guter alter Malkasten!«
»Simon, der kommt in den Müll!«
»Aber nein, Mama, den brauche ich zum Mischen! Menschenskind, die Tube mit dem Deckweiß suche ich seit Wochen!«
»Hör mal! Sie sieht aus, als sei sie seit Jahren eingetrocknet!«
»Ich weiß nicht«, sagt Simon kopfschüttelnd und nimmt den ausgelaugten Tuschkasten an sich, »wer das alles immer wegpackt!«
Friederike sitzt am Tisch, kritzelt eine Spielzahlkarte voll und klebt eine Minibriefmarke auf einen Miniumschlag.
»Herrlich«, seufzt sie, »daß du heute auf dem Speicher warst, Mama!«

Miß Lucie und ich

Da, wo sie arbeitet, hat Tessie mir gestern abend erzählt, ist eine kleine Katze gefunden worden. Man könne und wolle sie aber nicht behalten.
»Klein?« höre ich mich fragen.
»Sehr klein.«
»Vielleicht hat sie sich verlaufen«, gebe ich zu bedenken, »habt ihr euch in der Nachbarschaft mal erkundigt?«
»Noch nicht. Heute war's schon zu spät und zu dunkel. Aber morgen tun wir das natürlich gleich.«
»Die sehr kleine Katze«, hat Tessie nachdenklich hinzugefügt, »sieht aus wie Miß Lucie.«
»Das ist unmöglich«, habe ich entschieden widersprochen, »diese Zeichnung gibt es kein zweites Mal auf der Welt.«
»Nun, nicht haargenau wie Miß Lucie«, hat Tessie eingeräumt, »aber ihr doch sehr ähnlich. Schwarzer Rücken, weißer Bauch und das weiße Dreieck überm Gesicht.«
Ich habe ungläubig den Kopf geschüttelt, und Tessie ist achselzuckend schlafen gegangen.
Heute morgen beim Frühstück kam – ich weiß nicht wie – wieder die Sprache darauf.
»Aber jetzt im Herbst könnt ihr so ein kleines Tier doch nicht einfach an die Luft setzen«, ereifert sich Simon.
Friederikes Blick hängt flehend an mir.
Ich trinke meinen Kaffee und starre geistesabwesend in die Tasse.
»Mama«, bohrt Friederike, »hast du gehört, was Simon

sagt? Es ist Herbst! Und das Kätzchen hat noch kein Zuhause!«

Ja, ich habe es gehört.

Auch mir ist der Wandel der Jahreszeiten bekannt. Während ich in der Großstadt bisweilen den Eindruck hatte, nichts Wesentliches ändere sich je unter der Dunstglocke, erfreue ich mich auf dem Lande des faszinierenden Reigens von Frühling, Sommer, Herbst und Winter. Mal dehnt sich das eine etwas länger aus, mal setzt das andere früher ein, als man es dem Kalender nach erwarten darf, aber im großen und ganzen weiß man doch stets, woran man ist.

Wenn die letzten Stechfliegen nur noch taumelnd zum Sturzflug auf meine Knöchel ansetzen, die Wäsche doppelt so lange braucht, um trocken zu werden, die Sonne schon gegen fünf Uhr nachmittags hinterm Wald verschwindet und morgens weißer Nebel im Tal nistet, dann ist das der Anfang vom Ende eines Jahres.

Bei allem, was sich mir bis dato nicht erhellt hat – und dazu gehört der Schreibcomputer ebenso wie die Libanon-Krise –, eines weiß ich gewiß: Herbstkatzen haben es schwerer als Frühjahrskatzen. Ihnen stehen in früher Jugend bereits Hunger, Durst und grausame Kälte bevor. Auf dem Gebiet kenne ich mich aus. Da riskiere ich keine Fehleinschätzung. Vieles, wie gesagt, entzieht sich meiner Kenntnis und meinem Einfluß; zum Lösen der großen gordischen Knoten von weltgeschichtlicher Bedeutung habe ich mich daher nie aufgerufen gefühlt. Das Schicksal einer jungen, heimatlosen Herbstkatze jedoch erscheint mir als ein Problem, das an meine Verantwortlichkeit rührt, nicht wahr, Miß Lucie?

Sie sitzt auf der Fensterbank und hustet.

Den Kopf vorgestreckt, gibt sie eine Serie kleiner Keuchlaute von sich.
Anschließend niest sie zweimal.
Ich bin sofort beklommen.
Von allen Katzen, die sich mir anvertrauen, ist sie stets die gesündeste gewesen.
Abgesehen von Ohrmilben hatte sie zu keiner Zeit etwas mit Parasiten zu tun. Bei jeder Wurmkur kann ich sie getrost auslassen.
Weder neigt sie zu Erkältungen noch zu Darmkrankheiten. Kleine Wunden, die sie sich zuzieht, heilen von selbst und entzünden sich nicht.
Sie blieb verschont von grassierenden Fellkrankheiten und Ansteckungen jeder Art, und allein die Aufzählung all dieser Plagen mag ausdrücken, womit die anderen zu kämpfen hatten.
Tommy, meinen besonderen Liebling, verloren wir an die Tollwut beziehungsweise an seine Abneigung gegen die Impfung.
Pussi, die zähe, gewiefte alte Mutterkatze, die mit einem Wildkaninchen ihrer eigenen Größe die Scheunenwand senkrecht emporklettern konnte, um ihre Kinder im Dachgebälk zu füttern, blieb eines Tages im Wald.
Sieben Jahre lang, sagte der Jagdhüter, sei sie ihm ein Dorn im Auge gewesen, habe sie ihre tolldreisten Raubzüge im Revier unternommen, habe er ihr nachgestellt. Sieben Jahre lang, Gott wisse wie, sei sie ihm entkommen. Nun habe er sie endlich erwischt. Sie sei, fügte er hinzu, kein starkes Tier gewesen. Womit er meinte, sie war eher mager und mickrig anzusehen. Das stimmt.
Ihre Stärke lag in ihrem Instinkt, ihrer Unabhängigkeit

und ihrer absoluten Weigerung, sich domestizieren zu lassen. Kein Kissen hielt sie lange, keine Ofenwärme lockte sie über den ärgsten Winter hinaus, kein Mensch bedeutete ihr mehr als eine fette Maus.

Sie war keine Hauskatze. Sie war ein Tier der freien Wildbahn. Bis heute gehört ihr meine scheue Bewunderung.

Miß Lucie war anderer Meinung.

Sie atmete sichtlich auf, als Pussi wegblieb.

Miß Lucie, gehätschelt, behütet, umsorgt, hat die wilde, eigenständige Pussi überlebt.

Sie hat den törichten kleinen Kater Tommy überlebt und schließlich ihre Tochter Zaza, die als einzige unserer Katzen in der Kurve oberhalb des Waldhofs überfahren wurde.

Ob Miß Lucie dadurch einsamer geworden ist, ob ihr der eine oder andere Gefährte fehlt, ist nicht ersichtlich. Sie schweigt sich aus. Selbst mit Zaza hatte sie in den letzten Jahren wenig gemeinsam.

Im übrigen muß ich befürchten, daß ihr jede junge Katze im Lauf der Zeit über den Kopf wächst, egal, wie oft man ins Geschehen eingreift.

Miß Lucie zittert, bebt, faucht, wirft mit Protestschreien um sich und zieht letztendlich doch den kürzeren, gibt einen umkämpften Sesselplatz auf und wendet sich von einem gemeinsam auf den Fußboden gezerrten Wurstpäckchen ab.

Wenn Speed die Vorderpfote drohend hochreißt und dazu etwas zischt, das sinngemäß »Wag dich nicht – oder . . .« heißen mag, dann läßt Miß Lucie von der Wurst ab.

Aber Speed und Jüli, was für eine Prüfung sie auch sein

mögen, leben großenteils draußen in ihren Heu- und Stroh-Burgen. Während ein Kätzchen ohne Lebenserfahrung natürlich im Hause bliebe. Es würde Miß Lucies Kreise viel mehr stören und ihren Geschäftsfrieden viel stärker belasten als die beiden Irrwische, und nach allem, was auch sie mit Piggies Kindern durchzustehen hatte, wäre ihr ein friedlicher Winter mit ungeteilter Liebe und Aufmerksamkeit zu gönnen.
Zumal sie hustet.
Gegen Mittag ruft Tessie an.
In der Nachbarschaft vermisse keiner eine junge Katze. Auch wolle niemand eine haben.
Das Tier sei sehr possierlich, lieb und völlig stubenrein. Es habe im Heizungskeller übernachtet und dort das eigens zurechtgestellte Kästchen mit Sägemehl brav benutzt. In dieser Hinsicht, schließt Tessie, wobei sie das Wort »dieser« betont, gebe es demnach keine Probleme.
Und ob ich mir wohl Gedanken über den Verbleib des Tieres gemacht hätte?
Ich sage ja, Gedanken schon. Aber Entschlüsse seien nicht in mir gereift. Den Vormittag über habe mich geistige Arbeit davon abgehalten, im übrigen huste Miß Lucie.
Tessie vermag das kaum zu glauben.
Aber sie läßt davon ab, mich zu quälen.
Beim Abendessen ist es denn auch nicht sie, die das Thema zur Sprache bringt, sondern die Kinder sind es, indem sie nach dem Verbleib der kleinen Katze fragen, die Miß Lucie so unerhört ähnlich sieht.
Tessie hebt die Schultern und läßt sie resigniert wieder sinken. Dort an ihrem Arbeitsplatz werde man das Tier

nicht behalten. Keinesfalls. Nur noch diese eine Nacht. Danach gebe es keinen Aufschub mehr.
»Warum?« fragt Friederike, mein selbstgezogenes Möhrengemüse verschmähend.
Tessie setzt zu einer überzeugenden Erklärung an. Erstens, gibt sie zu bedenken, sei da schon eine Katze.
»Hahaha«, unterbreche ich mit hohler Stimme, »eine? Na und?«
Zweitens, fährt Tessie unbeirrt fort, sei da ein Hund. Erwartet sie im Ernst, daß mich das beeindruckt?
»Hör mal«, sagt Tessie ungeduldig, »das ist schließlich ein Betrieb, ja? Und dies hier ist ein privater Haushalt. Dazwischen besteht ein gewisser Unterschied.«
Gegen meine Gewohnheit zeige ich mich halsstarrig. Wo, im Falle einer kleinen Katze, liege da der Unterschied?
»Ein Betrieb«, belehrt mich Tessie, »verkraftet einfach keine beliebig große Anzahl von Tieren.«
Der Sommer, erwidere ich, habe mir gezeigt, daß auch ein Haushalt eine solche nicht verkraftet.
»Mama«, unterbricht Simon, Aufruhr in der Stimme, »kein Mensch verlangt irgend etwas von dir. Also reg dich ab!«
Wir heben die unerquickliche Tafel auf.
Torro bekommt den Rest des biologisch angebauten Möhrengemüses. Er hebt den Blick in stummer Anklage von der Schüssel und läßt sie unberührt stehen.
Die Kinder schalten den Fernseher ein.
Ich ziehe mich mit Miß Lucie an meinen Schreibtisch zurück, wo sie sich sofort auf dem Kohlepapier zu aalen beginnt.
In all den Jahren habe ich ihr nicht beibringen können,

daß Papier tabu ist. Sie benutzt vornehmlich das als Unterlage, woran ich gerade arbeite. Nötige ich sie, aufzustehen, weil ich etwas nachlesen oder verbessern muß, beklagt sie sich jämmerlich, erhebt sich unwillig und läßt sich auf dem letzten Zipfel wieder fallen.
Heute, nachdem sie ein Viertelstündchen auf dem Kohlepapier geschlafen hat, nimmt sie hinter der Schreibmaschine Aufstellung, fegt dabei mit dem Schwanz ein Tippex auf den Boden und beginnt zu husten.
Es klingt schauerlich, und ich gerate vollkommen aus dem Konzept.
Anschließend niest sie.
Dann bleibt sie regungslos sitzen, grüblerisch, als warte sie auf weitere Erkältungsausbrüche.
Es fällt mir schwer, mich auf meine Arbeit zu konzentrieren. Soviel ich weiß, gibt es kein Mittel gegen Erkältungen bei Katzen. Man muß sie in Kauf nehmen, sich in Geduld fassen und hoffen, daß sie vorübergehen.
Bei all ihrer Wohlbeleibtheit gelingt es Miß Lucie, hinfällig auszusehen, wenn sie hustet. Die Erschütterung erfaßt ihren ganzen Körper.
Zur Hilflosigkeit verurteilt, sehe und höre ich ihr zu. Gequält blickt sie an mir vorbei.
Dann sinkt sie im Zeitlupentempo auf ein Blatt Papier, das ich gerade aus der Maschine gezogen habe, streckt sich nicht aus, faltet nur ihre Beine zusammen und verharrt in der brütenden Haltung, bis wir schlafen gehen. Der nächste Morgen findet mich übernächtigt und schweigsam.
Während der allgemeine Kampf ums Bad stattfindet, pussle ich mechanisch in der Küche herum. Dauernd steht die Tür nach draußen offen. Speed und Jüli drän-

gen herein, Torro muß hinaus. Ich friere. Der Frost kommt früh in diesem Jahr.

»Wann«, frage ich, als wir endlich alle um den Frühstückstisch sitzen, »wird das Tier an die Luft gesetzt? Gleich heute früh oder erst später am Tag?«

»So genau weiß ich das nicht«, erwidert Tessie bedrückt.

Speed kommt wieder herein, springt auf den Küchenschrank und nähert sich dem Milchtopf.

Torro schießt unterm Tisch hervor und heult empört seinen Protest.

Simon greift sich Speed und setzt ihn in den Flur.

Torro beruhigt sich wieder.

»Also, Mami«, sagt Friederike, die klare Verhältnisse liebt, »wofür hast du dich nun entschieden?«

»Und es ist deine Entscheidung«, erinnert mich Simon, »ganz allein deine.«

»Keiner von uns redet dir da rein«, bestätigt Tessie ernst.

In der Tat, sie senken schweigend die Köpfe.

Nur Miß Lucie, auf der Fensterbank sitzend, hustet laut und vernehmlich.

Es ist halb acht. Sie müssen sich auf den Weg machen.

Ich räume den Tisch ab und bleibe ihnen die Antwort schuldig.

Draußen auf der Leine ist die Wäsche gefroren.

Gegen zehn mache ich mich auf den Weg zu Tessies Arbeitsplatz.

Im Hof stehen zwei Busse und ein kleiner Personenwagen.

Ein junges Paar steigt aus und vertritt sich minutenlang die Füße.

Eine innere Stimme rät mir, im Hintergrund zu bleiben, während Tessie aus einer der riesigen Kellertüren kommt, auf dem Arm die kleine Katze.
Das junge Paar setzt sich in Bewegung, umrundet Tessie, streichelt die schwarz-weiße Winzigkeit und palavert mit weichen Stimmen.
Ich lehne mich an einen schützenden Baum und bete. Es dauert nicht lange, bis Tessie wieder in den Kellerräumen verschwindet, die riesigen Türen sich schließen und das junge Paar in sein Auto steigt. Sie rollen an mir vorbei und halten, bevor sie in die Landstraße einbiegen, noch einmal kurz an. Ich kann nicht anders als ans Wagenfenster treten und sie mir für den Bruchteil einer Minute anschauen, die kleine Katze, die wie Miß Lucie aussehen soll. Sie klebt der jungen Frau wie eine Brosche auf dem Mantel, dicht unterm Kinn. Halb in ihre Hand, halb in ihren Pelzkragen gekuschelt, hat sie die Augen wohlig geschlossen. Ich möchte wetten, sie schnurrt wie ein Rädchen.
Das junge Paar registriert mich nicht.
Es ist beschäftigt mit sich, dem Auto, der Landstraße und dem neuen Familienmitglied, das sich gerade emsig in den Pelzkragen hineinarbeitet.
Die junge Frau lacht und macht eine Streichelbewegung mit dem Kinn.
Dann fährt das Auto davon.
Zutiefst beruhigt und erleichtert falte ich die Hände, diesmal zum Dankgebet.
Ein ganz leises Bedauern darüber, daß die kleine lebendige Brosche nicht auf meinem Mantelaufschlag sitzt, weht mich an und verfliegt wieder.
Ich habe Miß Lucie.

Ich habe zudem, wie sie mir lebhaft versichert, indem sie mir glücklich durch froststarres Distelgestrüpp entgegenhüpft, Jüli.
Und das, was sich da plastisch, fremdartig und bizarr wie ein Totempfahl mitten in der Wiesenumzäunung ausnimmt, ist nichts anderes als Speed, dessen Grau mit dem Altersgrau des verwitterten Eichenholzpfahles verschmilzt, den er unbeweglich krönt.
»Stellt euch vor«, sagt Tessie, als wir uns am späten Nachmittag um die ersten heißen Bratäpfel des Jahres versammeln, »Bekannte meiner Chefin haben sich heute das Kätzchen ansehen wollen, und was glaubt ihr wohl, was passiert ist?«
»Wenn es schlau ist«, seufzt Simon hoffnungsvoll, »hat es sich bei ihnen eingeschmeichelt.«
»Genau!« pflichtet Tessie lächelnd bei.
»Wirklich wahr?« ruft Friederike.
»Ja. Ist es nicht wunderbar?« strahlt Tessie.
»Im wahrsten Sinne des Wortes«, denke ich laut, »ein Wunder im allerletzten Moment. Man kann es auch einen Kelch nennen, der an uns vorübergegangen ist.«
Auf der Fensterbank sitzt Miß Lucie und kaut ein kleines Stück Wurstbrot. Torro sieht ihr mißbilligend dabei zu. Erst als sie fertig ist, frißt er sein eigenes Stück.
»Was macht ihr Husten?« erkundigt sich Simon zerstreut.
»Nichts mehr.«
»Wart's ab«, rät er skeptisch.
Aber ich kenne Miß Lucie, und sie kennt mich. »Gefahr beseitigt«, scheint mein Verhalten zu signalisieren, denn sie wälzt sich bereits vergnügt auf meinem Manuskriptpapier, bevor ich mich noch an den Schreibtisch setze,

greift spielerisch nach meiner Hand und läßt sich das Haar bürsten wie eine Diva. Dann legt sie sich mitten in eine frisch bepflanzte Blumenschale und beginnt einen Farn anzuknabbern. Wäre sie zehn Wochen alt statt der runden zehn Jahre, die sie zählt, könnte sie sich kaum anders verhalten.
Im übrigen behalte ich recht.
Ihr Husten ist wie weggeblasen.

INDICE

azzurraoutdoor